乡村振兴战略简明读本

胡振兴　李永强　张丹丹　主编

中国农业科学技术出版社

图书在版编目（CIP）数据

乡村振兴战略简明读本 / 胡振兴，李永强，张丹丹主编 . —北京：中国农业科学技术出版社，2020. 1

ISBN 978-7-5116-4280-6

Ⅰ. ①乡… Ⅱ. ①胡…②李…③张… Ⅲ. ①农村-社会主义建设-研究-中国 Ⅳ. ①F320. 3

中国版本图书馆 CIP 数据核字（2019）第 296190 号

责任编辑 闫庆健 王惟萍
责任校对 李向荣

出 版 者 中国农业科学技术出版社
北京市中关村南大街 12 号 邮编：100081
电 话 (010)82106625(编辑室) (010)82109702(发行部)
(010)82109709(读者服务部)
传 真 (010)82106625
网 址 http://www.castp.cn
经 销 者 各地新华书店
印 刷 者 北京富泰印刷有限责任公司
开 本 850mm×1 168mm 1/32
印 张 7. 5
字 数 210 千字
版 次 2020 年 1 月第 1 版 2020 年 1 月第 1 次印刷
定 价 35. 00 元

《乡村振兴战略简明读本》
编 委 会

前　言

农业和农村经济的落后是制约我国建设社会主义现代化强国的重要障碍，习近平总书记在“十九大”报告中提出乡村振兴的战略是把我国农业农村的发展提升到国家战略的高度。

本书围绕学习乡村振兴中可能遇到的问题，介绍了实施乡村振兴战略的概述、构建乡村振兴新格局、乡村振兴实现路径、夯实农业生产能力基础、实施质量兴农战略、构建农村一二三产业融合发展体系、构建农业对外开放新格局、促进小农户和现代农业发展有机衔接、统筹山水林田湖草系统治理、加强农村突出环境问题综合治理、建立市场化多元化生态补偿机制、增加农业生态产品和服务供给、加强农村思想道德建设、传承发展提升农村优秀传统文化、加强农村公共文化建设、开展移风易俗行动、加强农村基层党组织建设、建设法治乡村、提升乡村德治水平、建设平安乡村、优先发展农村教育事业、促进农村劳动力转移就业和农民增收、推动农村基础设施提挡升级、加强农村社会保障体系建设、推进健康乡村建设、持续改善农村人居环境、瞄准贫困人口精准帮扶、巩固和完善农村基本经营制度、加强农村专业人才队伍建设、发挥科技人才支撑作用、鼓励社会各界投身乡村建设等内容。

由于编者水平所限，书中难免存在不当之处，恳切希望广大读者和同行不吝指正。

编　者

2020 年 1 月

目　录

第一章 实施乡村振兴战略的概述

第一节 乡村振兴的含义

乡村是具有自然、社会、经济特征的地域综合体，兼具生产、生活、生态、文化等多重功能，与城镇互促互进、共生共存，共同构成人类活动的主要空间。乡村兴则国家兴，乡村衰则国家衰。我国人民日益增长的美好生活需要和不平衡不充分的发展之间的矛盾在乡村最为突出，我国仍处于并将长期处于社会主义初级阶段的特征很大程度上表现在乡村。全面建成小康社会和全面建设社会主义现代化强国，最艰巨最繁重的任务在农村，最广泛最深厚的基础在农村，最大的潜力和后劲也在农村。实施乡村振兴战略，是解决新时代我国社会主要矛盾、实现“两个一百年”奋斗目标和中华民族伟大复兴中国梦的必然要求，具有重大现实意义和深远历史意义。

实施乡村振兴战略是建设现代化经济体系的重要基础。农业是国民经济的基础，农村经济是现代化经济体系的重要组成部分。乡村振兴，产业兴旺是重点。实施乡村振兴战略，深化农业供给侧结构性改革，构建现代农业产业体系、生产体系、经营体系，实现农村一二三产业深度融合发展，有利于推动农业从增产导向转向提质导向，增强我国农业创新力和竞争力，为建设现代化经济体系奠定坚实基础。

实施乡村振兴战略是建设美丽中国的关键举措。农业是生态产品的重要供给者，乡村是生态涵养的主体区，生态是乡村最大的发展优势。乡村振兴，生态宜居是关键。实施乡村振兴战略，统筹山水林田湖草系统治理，加快推行乡村绿色发展方式，加强农村人居环境整治，有利于构建人与自然和谐共生的乡村发展新格局，实现百姓富、生态美的统一。

实施乡村振兴战略是传承中华优秀传统文化的有效途径。中华文明根植于农耕文化，乡村是中华文明的基本载体。乡村振兴，乡风文明是保障。实施乡村振兴战略，深入挖掘农耕文化蕴含的优秀思想观念、人文精神、道德规范，结合时代要求在保护传承的基础上创造性转化、创新性发展，有利于在新时代焕发出乡风文明的新气象，进一步丰富和传承中华优秀传统文化。

实施乡村振兴战略是健全现代社会治理格局的固本之策。社会治理的基础在基层，薄弱环节在乡村。乡村振兴，治理有效是基础。实施乡村振兴战略，加强农村基层基础工作，健全乡村治理体系，确保广大农民安居乐业、农村社会安定有序，有利于打造共建共治共享的现代社会治理格局，推进国家治理体系和治理能力现代化。

实施乡村振兴战略是实现全体人民共同富裕的必然选择。农业强不强、农村美不美、农民富不富，关乎亿万农民的获得感、幸福感、安全感，关乎全面建成小康社会全局。乡村振兴，生活富裕是根本。实施乡村振兴战略，不断拓宽农民增收渠道，全面改善农村生产生活条件，促进社会公平正义，有利于增进农民福祉，让亿万农民走上共同富裕的道路，汇聚起建设社会主义现代化强国的磅礴力量。

第二节　实施乡村振兴战略的重大意义

党的“十九大”提出实施乡村振兴战略，是决胜全面建成小康社会、全面建设社会主义现代化国家的重大历史任务，是中国特色社会主义进入新时代做好“三农”工作的总抓手，在我国“三农”发展进程中具有划时代的里程碑意义。

一、对实现“两个一百年”奋斗目标具有重大意义

党的“十九大”提出，我国社会主要矛盾已经转化为人民日益增长的美好生活需要和不平衡不充分的发展之间的矛盾。这是一个重大的历史判断。这个重大政治论断，反映了我国社会发展的客观实际，是制定党和国家大政方针、长远战略的重要依据。我国最大的发展不平衡，是城乡发展不平衡；最大的发展不充分，是农村发展不充分。主要表现在：农产品阶段性供过于求和供给不足并存，农业供给质量亟待提高；农业现代化基础还比较薄弱，农作物耕种收综合机械化水平不到70%，农业科技贡献率还不到60%；农民适应生产力发展和市场竞争的能力不足，新型职业农民队伍建设亟须加强；农村基础设施和民生领域欠账较多，农村环境和生态问题比较突出；农村社会保障存在突出短板，目前仍有1亿多人游离于基本养老保险制度之外；农村贫困人口仍达3 046万，脱贫攻坚任务依然十分艰巨；支农体系相对薄弱，城乡之间要素合理流动机制亟待健全；农村基层党建存在薄弱环节，乡村治理体系和治理能力亟待强化。

农业强不强、农村美不美、农民富不富，决定着亿万农民的获得感和幸福感，决定着我国全面小康社会的成色和社会主义现代化的质量。如期实现第一个百年奋斗目标并向第二个百年奋斗目标迈进，最艰巨最繁重的任务在农村，最广泛最深厚的基础在农村，最大的潜力和后劲也在农村。必须实施乡村振兴战略，统筹推进农村经济建设、政治建设、文化建设、社会建设、生态文明建设和党的建设，加快推进农业农村现代化，为决胜全面建成小康社会、全面建设社会主义现代化国家补齐短板、增强弱项、夯实基础，让亿万农民平等参与现代化进程、公平分享现代化成果。确保“三农”在全面建成小康社会、全面建设社会主义现代化国家征程中不掉队。

二、实施乡村振兴战略，对建设美丽中国具有重大意义

党的“十九大”把生态文明建设提到更加重要的战略位置，强

调坚持人与自然和谐共生，坚定走生产发展、生活富裕、生态良好的文明发展道路，建设美丽中国。农业是生态产品的主要供给者，乡村是生态涵养的主体区，生态系统保护修复的主战场在乡村。习近平总书记强调，中国要美，农村必须美。美丽中国，要靠美丽乡村打底色；把乡村的生态环境保护好、村庄环境建设好，将对建设美丽中国起到关键作用。

建设生态宜居乡村，是实施乡村振兴战略的重大任务。要守住生态保护红线，让良好生态成为乡村振兴的支撑点。要统筹山水林田湖草系统治理，加强农业面源污染防治，开展农业绿色发展行动，实现投入品减量化、生产清洁化、废弃物资源化、产业模式生态化。要建立市场化多元化生态补偿机制，增加农业生态产品和服务供给。良好人居环境，是广大农民的殷切期盼。不管是发达地区还是欠发达地区，都要推进农村环境整治。标准可以有高有低，但起码要给农民一个干净整洁的环境。要实施农村人居环境整治 3 年行动计划，以农村垃圾、污水治理和村容村貌提升为主攻方向，稳步有序推进农村人居环境突出问题的治理。

三、实施乡村振兴战略，对传承中华优秀传统文化具有重大意义

党的“十九大”提出，文化是一个国家、一个民族的灵魂。没有高度的文化自信，没有文化的繁荣兴盛，就没有中华民族伟大复兴。中华文明的基本载体是乡村，中华文明的源头是农耕文化。农耕文化中蕴含的社会理想、人文精神、道德规范、治理之道、生态理念、哲学思维等精华，是中华传统文化的精髓所在，是中华民族一脉相承的精神追求、精神特质、精神脉络。繁荣兴盛农耕文化对于传承保护中华优秀传统文化意义重大。

这些年来，农村文化建设取得了很大的进展和成绩。但传统的乡村文化被忽视、被破坏、被取代的情况普遍存在，一些地方乡村文化正在逐步消失。在物质文化方面，许多地方村庄形态、传统建

筑、田园风光、传统工艺不复存在，乡村文化没有了载体；在精神文化方面，乡贤文化、家庭伦理、传统艺术、乡风民俗日渐式微，农民的价值追求和精神文化生活缺失严重；在制度文化方面，法治观念淡漠、村规民约的约束力不强、村民自治能力较弱的现象较为普遍。如果农业萎缩了、乡村凋敝了，乡村将会成为记忆中的故园，中华文明的根脉就会受到严重威胁。

乡村文明是中华民族文明史的主体，村庄是这种文明的载体，耕读文明是我们的软实力。乡土文化的根不能断，农村不能成为荒芜的农村、留守的农村、记忆中的故园。实施乡村振兴战略，一个重要任务就是繁荣兴盛农村文化。2019 年中央一号文件对传承发展提升农村优秀传统文化进行了具体部署，强调要深入挖掘农耕文化蕴含的优秀思想观念、人文精神、道德规范，充分发挥其在凝聚人心、教化群众、淳化民风中的重要作用，这对从源头上传承保护中华优秀传统文化具有重大意义。

四、实施乡村振兴战略对健全现代社会治理格局具有重大意义

社会治理的基础在基层，基础不牢、地动山摇。健全现代社会治理格局，推进国家治理体系和能力现代化，必须把抓基层、打基础作为长远之计和固本之策。

当前，农村正处于社会转型关键期，人口大量外流，“老龄化”“空心化”态势加剧，村庄普遍缺人气、缺活力、缺生机，乡村成为社会治理的薄弱环节。乡土社会的血缘性和地缘性减弱，农民组织化程度低、集体意识弱，“事不关己，高高挂起”的心态普遍存在，乡村秩序的基础受到冲击。一些村庄“形虽在，神已散”，不养父母、不管子女、不守婚则、不睦邻里等现象增多，红白喜事盲目攀比、大操大办等陈规陋习盛行。一些农村基层党组织软弱涣散，村干部队伍青黄不接、后继乏人，少数干部作风不实、优亲厚友，“小官巨贪”时有发生，对惠农项目资金“雁过拔毛”的“微腐败”也不同程度地存在。

乡村要走上善治之路，现代社会治理要夯基垒台。党的十九大提出，要加强和创新社会治理，打造共建共治共享的社会治理格局。2019 年中央一号文件强调，要坚持自治、法治、德治相结合，建立健全党委领导、政府负责、社会协同、公众参与、法治保障的现代乡村治理体制，让乡村社会充满活力、和谐有序。

五、实施乡村振兴战略对实现全体人民共同富裕具有重大意义

实现共同富裕，缩小城乡差距是关键环节。当前，我国城乡区域发展和收入分配差距依然较大，农民持续增收形势严峻，农村民生还有不少短板，脱贫攻坚任务艰巨。我国城乡绝对收入差距仍在拉大，2017 年的城镇居民、农村居民人均可支配收入分别为 25 974 元、13 432元，两者相差 12 542元。

党的十九大提出，必须始终把人民利益摆在至高无上的地位，让改革发展成果更多更公平惠及全体人民，朝着实现全体人民共同富裕不断迈进。必须不断拓宽农民增收渠道，提高农民就业质量和收入水平，完善农村公共服务体系，坚决打赢脱贫攻坚战，让农民的钱袋子进一步鼓起来、日子好起来，让广大农民在共同富裕的道路上赶上来、不掉队，让全体人民在共建共享发展中有更多获得感，增强中国特色社会主义的感召力、凝聚力，汇聚起亿万农民建设社会主义现代化强国的磅礴力量。

六、实施乡村振兴战略，对全球解决乡村问题具有重大意义

全球共同面临的一个挑战就是乡村衰退导致的“乡村病”、城市贫民窟。国际经验表明，在现代化过程中，乡村必然要经历一场痛苦的蜕变和重生。

我国农村发展成就举世瞩目，很多方面对发展中国家具有引领和借鉴意义。社会主义建设初期，我国在农村实行的“赤脚医生”制度被国际组织誉为“发展中国家群体解决卫生保障的唯一范例”。改革开放初期，从乡村土地上长出来的乡镇企业蓬勃发展，拉动城

乡经济发展，成为众多国家学习的样板。党的十八大以来，我国的精准扶贫、精准脱贫被世界银行称为“世界反贫困事业最好的教科书”。我国用占世界9%的耕地、6.4%的淡水资源，解决了占世界近20%人口的吃饭问题，被国际社会看作是了不起的成就。迄今为止，还没有哪个发展中大国，能够解决好农业农村农民现代化问题。实施乡村振兴战略，将能为国际上解决乡村问题贡献中国智慧和中国方案。

第三节　我国实施乡村振兴战略的机遇和条件

在中国特色社会主义新时代，乡村是一个可以大有作为的广阔天地，实施乡村振兴战略有良好的机遇和条件。

一、我国经济社会发展进入新阶段

实施乡村振兴战略有难得机遇，经过数十年的持续快速发展，我国经济实力跃上了新台阶，工业化、城镇化水平也有很大提高。2017年我国国内生产总值已达到82.71万亿元，乡村人口占比已下降到41.48%，第一产业占国内生产总值比重已降至8%以下。城镇和二三产业成为“多数”，不仅更有能力支持农业和乡村这个“少数”，而且使乡村充满了机遇，对人才、资金、技术等生产要素的吸引力正在不断加大。市场和文化的力量相辅相成，将为乡村振兴提供强大力量。

市场是根据稀缺性来配置资源的，过去是城市和工业稀缺。现在拐点来了，乡村和农业变得稀缺，越来越多的人向往田园风光、诗意山水、乡土文化、民俗风情，追求与自然和谐相处的乡村慢生活成为一种时尚，乡村不再是单一从事农业的地方，其经济价值、生态价值、社会价值和文化价值正在日益凸显。随着农村交通、通信等基础设施快速改善，乡村发展所受的空间距离限制正在减弱，而农村较低的土地成本、劳动力成本、经营成本等优势正在显现。近年来，工商资本上山下乡在增加，各类返乡下乡创业创新在增多，农村新产业、新业态、新模式发展方兴未艾。以前农民工大多是“孔雀东南飞”，现在不少人看到了家乡发展的潜力和机会，纷纷返乡从事特色种养、办农家乐、搞乡村旅游，乡村正在成为投资兴业的热土。

我国有悠久的农耕文明史。当世界上大多数地区还处于茹毛饮血的蛮荒时期时，我国就有了高度发达的农耕文明。优秀传统农耕文明是中华民族五千年不间断文明史的主体，是中华文化的精髓所在，是中华民族一脉相承的精神追求和精神特质。从中国特色的农事节气，到大道自然、天人合一的生态伦理；从各具特色的宅院村落，到巧夺天工的农业景观；从乡土气息的节庆活动，到丰富多彩的民间艺术；从耕读传家、父慈子孝的祖传家训，到邻里守望、诚信重礼的乡风民俗等，都是中华文化的鲜明标签，彰显着中华民族的思想智慧和精神追求，塑造了中华民族最根本的文化基因。现在的城里人，向前数几代，大都是农村人，很多人都有浓厚的乡村情结。不仅文人墨客、艺术家关注农村，而且普通市民也开始崇尚自然、向往农村，很多人有回报家乡的强烈愿望。只要我们顺势而为、开拓思路、创新举措，疏通资本、智力、技术、管理等下乡通道，打破制约城乡要素相互流动的藩篱，将对乡村振兴产生巨大的推动作用。

二、实施乡村振兴战略有坚强保证

党的领导是中国特色社会主义最本质的特征，是中国特色社会主义制度的最大优势，也是实施乡村振兴战略的根本保证。以习近平同志为核心的党中央，把解决好“三农”问题提升到历史新高度。习近平总书记多次强调，办好农村的事，关键在党。党管农村工作是我们的传统。这个传统不能丢。各级党委要加强对“三农”工作的领导，各级领导干部都要重视“三农”工作。要高度重视农村社会治理，加强基层党的建设和政权建设。把党组织建设成为落实党的政策、带领农民致富、密切联系群众、维护农村稳定的坚强领导核心。发挥好农村基层党组织在宣传党的主张、贯彻党的决定、领导基层治理、团结动员群众、推动改革发展等方面的战斗堡垒作用。2019年中央一号文件明确要求，健全党委统一领导、政府负责、党委农村工作部门统筹协调的农村工作领导体制，建立实施乡村振兴战略领导责任制，实行中央统筹、省负总责、市县抓落实的工作机制。制定中国共产党农村工作条例，把党领导农村工作的传统、要求、政策等以党内法规的形式确定下来。随着中国共产党农村工作条例的颁布和实施，“三农”工作的党内法规依据将更为明确，“三农”工作领导体制机制、工作机构将更加稳定，“三农”工作队伍建设将更为规范，实施乡村振兴战略的政治保证将更加有力。

三、实施乡村振兴战略有丰富经验

党中央、国务院不断加大强农、惠农、富农政策力度，带领广大农民群众凝心聚力、奋发进取，综合生产能力迈上新台阶，物质技术装备达到新水平，适度规模经营呈现新局面，产业格局呈现新变化，农民收入实现新跨越，典型探索取得新突破。自从党的十六届五中全会提出社会主义新农村建设的重大历史任务以来，按照“生产发展、生活富裕、乡风文明、村容整洁、管理民主”的要求，经济、政治、文化和社会等方面的建设扎实推进。

这些年来，“三农”工作中积累的成功做法，为实施乡村振兴战略提供了宝贵经验，提供了良好基础。中央统筹省负总责市县抓落实的工作机制，在实施精准扶贫、精准脱贫方略的过程中被证明是行之有效的，2019年中央一号文件明确要求实施乡村振兴战略也将采取同样的工作机制。向贫困村选派第一书记、派驻扶贫工作队等加强人才支持的做法，对软弱涣散村、集体经济薄弱村等乡村振兴同样适用。

实施乡村振兴战略既有基础又有条件，要按照党中央的决策部署，顺势而为，主动作为，不失时机地向前推进，推动农业全面升级、农村全面进步、农民全面发展，努力谱写新时代乡村全面振兴新篇章。

第四节　实施乡村振兴战略的总体要求

从全面建成小康社会到基本实现现代化，再到全面建成社会主义现代化强国，在这个宏大的战略安排中，乡村建设的好不好，农民的日子过得富裕不富裕，直接决定了中国特色社会主义建设的成色和底色，没有乡村的振兴就不会有中华民族的伟大复兴。要准确把握“三农”工作新的历史方位，正确理解实施乡村振兴战略的总体要求。

一、坚持以习近平新时代中国特色社会主义思想为指导

在新的历史时期，实施乡村振兴战略是决胜全面建成小康社会、全面建成社会主义现代化国家的重大历史任务，是解决人民日益增长的美好生活需要和不平衡不充分发展之间矛盾的必然要求，承担着历史性改变中国农业农村面貌的光荣使命。实施乡村振兴战略，必须要有科学先进的思想和理论作为指导。习近平新时代中国特色社会主义思想，是马克思主义中国化的最新成果，是中国特色社会主义理论体系的重要组成部分，是被实践证明了的科学真理。

习近平总书记关于“三农”工作的重要论述，是习近平新时代中国特色社会主义思想的重要组成部分。习近平同志在河北、福建、浙江等地工作期间，深入调查研究，对“三农”工作、巩固和完善农村基本经营制度、国家粮食安全、中国特色农业现代化、城乡一体化、农村生态文明建设、农村改革、扶贫开发、党对“三农”工作的领导等方面进行了深入思考和实践探索。

实施乡村振兴战略，必须坚持以习近平新时代中国特色社会主

义思想，特别是习近平总书记关于“三农”工作的重要论述为指导，坚持用辩证唯物主义和历史唯物主义的方法论来分析当前农业农村发展中出现的新矛盾、新问题，找到适应各地实际情况的具体解决办法。要紧紧围绕统筹推进“五位一体”总体布局和协调推进“四个全面”战略布局，坚持稳中求进的工作总基调，牢固树立新发展理念，充分落实高质量发展的要求，坚持把解决好“三农”问题作为全党工作重中之重，坚持农业农村优先发展，举全党全国全社会之力，以更大的决心、更明确的目标、更有力的举措，推动农业全面升级、农村全面进步、农民全面发展。

二、实施乡村振兴战略的总要求、路线图和时间表

作为有着960万平方千米土地、13亿多人口、5 000多年文明史的大国，不管城镇化发展到什么程度，农村人口的规模还会相当巨大。即使城镇化率达到了70%，也还有几亿人生活在农村。实施乡村振兴战略，不是一时一隅的权宜之计，而是我国经济社会发展的必然要求，有着具体实在的要求，能够让乡村尽快赶上国家发展的步伐，让农民兄弟能够享受到社会发展进步带来的实惠。要按照“产业兴旺、生态宜居、乡风文明、治理有效、生活富裕”的20字总要求，在健全城乡融合发展体制机制和政策体系上做文章、想办法，统筹推进农村经济建设、政治建设、文化建设、社会建设、生态文明建设和党的建设，加快推进乡村治理体系和治理能力现代化，加快推进农业农村现代化，走中国特色社会主义乡村振兴道路，让农业成为有奔头的产业，让农民成为有吸引力的职业，让农村成为安居乐业的美丽家园。

“产业兴旺”，要在加快建设现代农业、实现“生产发展”基础上，深入推进农业供给侧结构性改革和农村一二三产业融合发展，全面振兴农村经济。“生态宜居”，不仅要改变农村脏乱差状况、实现“村容整洁”，还要牢固树立和践行“绿水青山就是金山银山”的理念，遵循人与自然和谐共生规律和乡村发展规律，统

筹山水林田湖草系统治理，保留传统文化和乡村风貌，让乡村看得见山、望得见水、留得住乡愁。“乡风文明”的内涵更加丰富，要弘扬和践行社会主义核心价值观，弘扬优秀传统文化，提升农民精神风貌，培育文明乡风、良好家风、淳朴民风。“治理有效”，不仅要实现“管理民主”，还要求坚持自治、法治、德治相结合，建立健全党委领导、政府负责、社会协同、公众参与、法治保障的现代乡村社会治理体制，确保乡村社会充满活力、和谐有序。“生活富裕”，不仅要拓宽农民增收渠道、进一步提高收入水平，还要加强农村社会保障体系建设，持续改善农村人居环境，让广大农民群众幼有所育、学有所教、劳有所得、病有所医、老有所养、住有所居、弱有所扶，这是建设社会主义现代化强国的必然要求。

实施乡村振兴战略有明确的时间表。按照党的十九大提出的决胜全面建成小康社会、分两个阶段实现第二个百年奋斗目标的战略安排，实施乡村振兴战略的目标任务是：到 2020 年，乡村振兴取得重要进展，制度框架和政策体系基本形成。农业综合生产能力稳步提升，农业供给体系质量明显提高，农村一二三产业融合发展水平进一步提升；农民增收渠道进一步拓宽，城乡居民生活水平差距持续缩小；现行标准下农村贫困人口实现脱贫，贫困县全部“摘帽”，解决区域性整体贫困；农村基础设施建设深入推进，农村人居环境明显改善，美丽宜居乡村建设扎实推进；城乡基本公共服务均等化水平进一步提高，城乡融合发展体制机制初步建立；农村对人才吸引力逐步增强；农村生态环境明显好转，农业生态服务能力进一步提高；以党组织为核心的农村基层组织建设进一步加强，乡村治理体系进一步完善；党的农村工作领导体制机制进一步健全；各地区各部门推进乡村振兴的思路举措得以确立。到 2035 年，乡村振兴取得决定性进展，农业农村现代化基本实现。农业结构得到根本性改善，农民就业质量显著提高，相对贫困进一步缓解，共同富裕迈出坚实步伐；城乡基本公共服务均等化基本实现，城乡融合发展体制机制更加完善；乡风文明达到新高度，乡村治理体系更加完善；农村生态环境根本好转，美丽宜居乡村基本实现。到2050年，乡村全面振兴，农业强、农村美、农民富全面实现。

三、实施乡村振兴战略要把握住七个坚持

所谓原则，就是准绳。实施乡村振兴战略必须要有原则、有指针、有方向，这样才能保证乡村振兴战略在实施的过程中不变形、不走样、不跑偏。

一是要坚持党管农村工作。工农商学兵、东西南北中，党是领导一切的。要办好农村的事，真正实现乡村振兴，关键在党。要不断加强党对“三农”工作的领导，特别是要完善党领导“三农”工作体制机制和党内法规，健全党委全面统一领导、政府负责、党委农村工作部门统筹协调的农村工作领导体制，要确保党在农村工作中始终总揽全局、协调各方，为乡村振兴提供坚强有力的政治保障。在党的领导下打造一支懂农业、爱农村、爱农民的农村工作队伍，提高解决“三农”问题的能力。

二是要坚持农业农村优先发展。所谓“优先”，就是要把农业农村发展摆在各项事业发展的前面，关键在于转变政绩观。衡量一个地方工作的好坏，要看工业，更要看农业；要看城市，更要看农村；要看经济总量，更要看民生改善。不能把农业农村优先发展当成一句空口号，而是要切实在干部配备上优先考虑，在要素配置上优先满足，在资金投入上优先保障，在公共服务上优先安排，加快补齐农业农村短板。

三是要坚持农民主体地位。中国的改革就是从尊重农民的首创精神和主体地位开启的，农民才是乡村振兴战略的最主要参与者、实践者和受益者。所谓坚持农民主体地位，首先就要尊重农民的各项权利，包括土地承包权、经营权以及宅基地使用权等。习近平总书记指出：“最大的政策，就是必须坚持和完善农村基本经营制度，

坚持农村土地集体所有，坚持家庭经营基础性地位，坚持稳定土地承包关系。”在一个法治的社会里，更要对农民的权利充满敬畏，尊重农民的民主权利是坚持农民主体地位的基本和基础，把维护农民群众根本利益、促进农民共同富裕作为出发点和落脚点，促进农民持续增收，不断提升农民的获得感、幸福感、安全感。

四是要坚持乡村全面振兴。乡村是有生命的，既有生产，也有文化、有传承、有习俗，生产生活从来都是一体的。实施乡村振兴战略，要坚持系统思维，把乡村看成一个完整的有机体，统筹谋划农村经济建设、政治建设、文化建设、社会建设、生态文明建设和党的建设，注重协同性、关联性，整体部署，协调推进，不能只关注某一个方面的发展和提升。

五是要坚持城乡融合发展。城乡你中有我、我中有你，是命运共同体。没有乡村这个依托，城市是没有内涵和底蕴的；没有城市的支持，乡村也没有发展前景。理顺城乡关系，是实施乡村振兴战略中面临的一个重大课题。要坚决破除体制机制弊端，使市场在资源配置中起决定性作用，更好发挥政府作用，推动城乡要素自由流动、平等交换，推动新型工业化、信息化、城镇化、农业现代化同步发展，加快形成工农互促、城乡互补、全面融合、共同繁荣的新型工农城乡关系。

六是要坚持人与自然和谐共生。“绿水青山就是金山银山”，这是新时代对自然生态与经济产业关系的定位。“绿水青山藏财富，蓝天白云有商机”。要顺应人民群众对美好生活、美丽生态的追求，要充分认识生态产品的价值属性，积极探索把生态优势充分转化为发展优势，靠创新增强生态产品生产能力，激发绿色发展新动能，通过机制活、产业优来实现百姓富、生态美，以绿色发展引领乡村振兴。

七是要坚持因地制宜、循序渐进。中国地域广大、有近60万个行政村，各地自然资源禀赋、民风民俗千差万别，不可能用一种方法、一种形式来推进各地的乡村振兴。要把广大农民群众真正动员起来，大家一起出主意、想办法，让措施办法能够和当地的实际情况结合起来。在实施过程中，既要重规划、有重点，又要分类实施、典型示范；既要尽力而为，“撸起袖子加油干”，又要量力而行，不搞层层加码，不搞“一刀切”，不搞形式主义，把乡村一步步振兴起来。

第二章　构建乡村振兴新格局

第一节　坚持农业农村优先发展

党的十九大报告提出了“三个优先”，即优先发展教育事业、坚持就业优先战略、坚持农业农村优先发展，首次对农业农村提出了优先发展的原则要求，这是我们党对“三农”工作基本方针的再认识、再深化。2019 年中央一号文件把坚持农业农村优先发展作为实施乡村振兴战略的七个原则之一，对党的十九大提出的这一要求作了细化，这是党中央着眼于“两个一百年”奋斗目标作出的重大战略安排，充分体现了以习近平同志为核心的党中央对“三农”工作的高度重视，充分适应了新时代“三农”工作的发展形势，充分落实了把“三农”工作摆在全党工作重中之重地位的基本要求。

一、是确保全面小康社会成色和社会主义现代化质量的内在要求

改革开放以后，通过普遍实行家庭承包经营制度、提高农产品收购价格、放活农村经济，农民的生产积极性得到充分调动，农民收入和生活水平快速提高。进入 21 世纪以来，党中央坚持把解决好“三农”问题作为全党工作重中之重，提出了工业反哺农业、城市支持农村的方针，制定了统筹城乡发展的基本方略，明确把建设社会主义新农村作为重大历史任务，不断加大强农、惠农、富农政策力度，农业基础地位得到显著加强，农村社会事业加快发展，统筹城

乡发展取得重大进展。

但总的来看，城乡二元结构的制度藩篱尚未根本消除，这突出体现在农业支持保护体系尚不完善，城乡生产生活条件差距很大，农村社区空心化、农民老龄化、村庄建设无序化、价值观念畸形化、文化低俗化、社会结构松散化、基层组织断层化等问题明显，农业转移人口的市民化还面临一系列限制等方面。现在，我们很多城市确实很华丽、很繁荣，但很多农村地区跟欧洲、日本、美国等相比差距还很大。当前，我国发展不平衡不充分问题在乡村最为突出，城乡二元结构是亟待破除的最突出的结构性矛盾。城乡发展失衡，是实现社会主义现代化和中华民族伟大复兴的重大制约。

消灭城乡差别和实现城乡融合，使全体社会成员得到全面发展，是马克思主义经典作家的一贯思想。农民问题，是中国革命和现代化进程中的根本问题。农业强不强、农村美不美、农民富不富，决定着全面小康社会的成色和社会主义现代化的质量。农业是国民经济的基础，在粮食安全、农产品供给、产业培育、市场贡献、生态贡献及其他功能方面具有不可替代的作用。实现现代化，决不能丢了农村这一头。

二、必须扣紧缩小城乡发展差距这一突出矛盾

城镇和乡村是互促互进、共生共存的。能否处理好城乡关系，关乎社会主义现代化建设全局。毛泽东同志指出："城乡必须兼顾，必须使城市工作和乡村工作，使工人和农民，使工业和农业，紧密地联系起来。决不可丢掉乡村，仅顾城市，如果这样想，那是完全错误的。"邓小平同志说："城市搞得再漂亮，没有农村这一稳定的基础是不行的。"当前，我国最突出的发展不平衡，是城乡发展不平衡；最突出的发展不充分，是农村发展不充分。2017 年，城镇居民人均可支配收入达到 36 396元，农村居民人均可支配收入仅有13 432元，仅为城镇居民的 37%。全面建成小康社会，建设社会主义现代化强国，必须坚持农业农村优先发展，进一步缩小城乡居民

收入差距，才能真正实现共同富裕。

如期实现第一个百年奋斗目标并向第二个百年奋斗目标迈进，最艰巨最繁重的任务在农村，最广泛最深厚的基础在农村，最大的潜力和后劲也在农村。到2020年全面建成小康社会，最突出短板在“三农”，必须打赢脱贫攻坚战、加快农业农村发展，让广大农民同全国人民一道迈入全面小康社会。到2035年基本实现社会主义现代化，大头重头在“三农”，必须向农村全面发展进步聚焦发力，推动农业农村农民与国家同步基本实现现代化。到2050年把我国建成富强民主文明和谐美丽的社会主义现代化强国，基础在“三农”，必须让亿万农民在共同富裕的道路上赶上来，让美丽乡村成为现代化强国的标志和美丽中国的底色。

要抓住经济发展整体水平明显提高、财力明显增强、社会主义政治制度优势更强的有利机遇，着力加快农业现代化建设，促进农民较快增收，建设农村生态文明，改善农村生产生活条件，提高乡村治理体系和治理能力现代化水平。着力改革完善户籍、财政、金融、土地、就业、教育、医疗卫生、社会保障、住房等制度，让符合条件的农业转移人口在城镇进得来、住得下、融得进、能就业、可创业。

三、必须体现到公共资源和要素向农业农村倾斜上来

为亿万农民谋幸福，是中国共产党的重要使命。2019年中央一号文件明确了坚持农业农村优先发展必须体现在四个方面，这“四个优先”既是坚持农业农村优先发展原则的核心要求，也是根本举措。

（一）坚持农业农村优先发展必须在干部配备上优先考虑

提衣提领子，牵牛牵鼻子，坚持农业农村优先发展首先要有一批强有力的干部队伍。面对新时代农村工作形势，干部队伍中，愿意做农村工作的少了，会做农村工作的更少了，不少干部对农业农

村情况不熟悉，有的听不懂农民的话，对农民的感情不深。要完善党员领导干部选拔任用办法，加强“三农”工作干部队伍培养、配备、管理、使用。把懂农业、爱农村、爱农民作为“三农”工作干部的基本要求，加大培训力度，全面提升能力和水平。拓宽“三农”工作干部和乡镇干部的来源渠道，把优秀的干部人才放到农村一线工作锻炼并作为培养干部的重要途径。各级党委和政府主要领导要懂“三农”工作、会抓“三农”工作，分管领导要真正成为“三农”工作的行家里手。要注重提拔使用在“三农”工作岗位干出实绩的优秀干部。

（二）坚持农业农村优先发展必须在要素配置上优先满足

长期以来，乡村的人才、土地、资金等要素流向城镇，乡村长期处于“失血”“贫血”状态。必须打通制约人才城乡双向流动的瓶颈，畅通人才下乡通道，造就更多本土人才，促进各路人才“上山下乡”投身乡村振兴。要通过改善农村的发展条件和生活环境，努力留住一批年轻人，培养造就一批新型职业农民队伍，优化农业从业者结构。鼓励社会各界投身乡村建设。要通过乡情乡愁纽带，吸引一批从农村走出来的企业家、党政干部、专家学者、高级技术人才等，返回本土本乡投资兴业，推动乡村振兴事业发展。要发挥好新乡贤的作用，引导和鼓励他们参与乡村振兴。要努力将农村土地的增值收益更多地用于农村，切实解决农村产业发展用地不足的问题，特别是农用设施用地不足问题，确保农地农民用，农地农村用。工商资本有资金、技术和管理的优势，要在不侵犯农民利益、不侵害农村集体产权的前提下，要优化环境，稳定政策预期，引导好、服务好工商资本下乡的积极性，发挥好工商资本的作用。

（三）坚持农业农村优先发展必须在资金投入上优先保障

没有真金白银的投入，就不可能实现乡村的振兴。资金投入上优先保障，关键是要健全投入保障制度，创新投融资机制，拓宽资金筹集渠道，形成财政优先保障、金融重点倾斜、社会积极参与的多元投入格局。要坚持把农业农村作为财政支出的优先领域，确保农业农村投入适度增加。现在，国家财政投入“三农”不少，但碎片化、“撒胡椒面”的问题还比较突出。要把主要精力放在提高支农效能、创新使用方式上，做好“整合”和“撬动”两篇文章。“整合”，就是要把中央和各级各类的涉农资金尽可能打捆使用，形成合力。“撬动”，就是要通过以奖代补、贷款贴息、贷款担保等方式，引导金融资本更多地投向农业农村。农村存款通过金融机构的虹吸效应大部分流向城市，是亟待解决的现实问题。要落实涉农贷款增量奖励政策，对涉农业务达到一定比例的金融机构实行差别化监管和考核办法，适当下放县域分支机构业务审批权限，切实解决投放涉农贷款积极性不足问题。要提高金融机构的金融服务覆盖面，支持现有大型金融机构增加县域网点，支持开展农民合作社内部信用合作，切实解决农村金融机构不足问题。

（四）坚持农业农村优先发展必须在公共服务上优先安排

现阶段，城乡差距最直观的是基础设施和公共服务差距大。要把公共基础设施建设的重点放在农村，推进城乡基础设施共建共享、互联互通，推动农村基础设施建设提挡升级，特别是加快农村道路、农田水利、水利设施建设，完善管护运行机制。要加快推动公共服务下乡，逐步建立健全全民覆盖、普惠共享、城乡一体的基本公共服务体系。要优先发展农村教育事业，努力让每一个农村孩子都能享受公平而有质量的教育。统筹配置城乡教师资源，通过稳步提高待遇等措施，增强乡村教师岗位的吸引力和自豪感。用好网络信息技术，发展远程教育，推动优质教育资源城乡共享。健全农村基层医疗卫生服务体系，开展全民健身，倡导科学生活方式，推进健康乡村建设。完善统一的城乡居民基本医疗保险制度和大病保险制度，完善城乡居民基本养老保险制度。针对农村人口结构的变化，健全农村留守儿童和妇女、老年人关爱服务体系，构建农村养老、孝老、敬老政策体系和社会环境。

第二节　建立健全城乡融合发展的体制机制和政策体系

经过长期努力，我国统筹城乡发展取得重大进展，但发展不平衡不充分问题仍在乡村表现最为突出，城乡之间要素合理流动机制还存在缺陷，城乡发展差距依然很大。改革是乡村振兴的法宝。2017年年底召开的中央农村工作会议强调，要以完善产权制度和要素市场化配置为重点，激活主体、激活要素、激活市场，着力增强改革的系统性、整体性、协同性，在深化农村改革方面扩面、提速、集成，加快构建城乡融合发展体制机制和政策体系。2019年中央一号文件指出，要坚决破除体制机制弊端，使市场在资源配置中起决定性作用，更好发挥政府作用，推动城乡要素自由流动、平等交换，促进公共资源城乡均衡配置，推动“四化”同步发展，加快形成工农互促、城乡互动、全面融合、共同繁荣的新型工农城乡关系。

一、强化制度性供给

要以处理好农民与土地的关系为主线，推进体制机制创新，让农村的资源要素充分利用起来，让广大农民的积极性、创造性充分迸发出来，让全社会强农惠农富农的力量充分汇聚起来，为乡村振兴添活力、强动力、增后劲。

（一）巩固和完善农村基本经营制度

农村基本经营制度是乡村振兴的制度基础，要不断巩固和完善。要坚持农村土地集体所有，坚持家庭经营基础性地位，坚持稳定土地承包关系，实现小农户与现代农业发展有机衔接。明确农村土地第二轮承包到期后再延长30年，使得承包关系从农村改革之初算起稳定长达75年，让亿万农民吃上长效“定心丸”，在时间节点上与第二个百年奋斗目标相契合，这一重大政策必须不折不扣、不偏不倚地执行。完善农村承包地“三权分置”制度，在依法保护集体土地所有权和农户承包权前提下，平等保护经营权。

（二）深化农村土地制度改革

重点是系统总结土地征收、集体经营性建设用地入市和宅基地制度改革试点经验，逐步扩大试点，加快修改完善有关法律。随着城市化的快速推进，大量农民离开农村、离开土地，人口大量迁移，在农村就出现大量农房、宅基地常年闲置。大量的农房和宅基地闲置，任其破败是一个很大的浪费，但利用起来就是一笔很大的财富。2019年中央一号文件提出，要完善农民闲置宅基地和闲置农房政策，探索宅基地所有权、资格权、使用权“三权分置”，即落实宅基地集体所有权，保障宅基地农户资格权和农民房屋财产权，适度放活宅基地和农民房屋使用权。这是借鉴农村承包地“三权分置”办法，在总结有关试点县（市）探索经验的基础上，提出来的一个改革需要探索的任务。但是，宅基地的“三权分置”与承包地“三权分置”会有很大的不同。如承包土地经营权，鼓励流转、鼓励适度集中，宅基地就不宜鼓励集中到少数人手里。下一步，在改革试点过程中，要探索宅基地“三权分置”的具体形式，鼓励各地结合发展乡村旅游、新产业新业态，结合下乡返乡、创新创业等先行先试，在实践中探索盘活利用闲置宅基地和农房增加农民财产性收入的办法，加快形成可推广可复制的经验。探索适度放活宅基地和农民房屋使用权，不是让城里人“下乡”去买房置地，必须守住底线。2019年中央一号文件明确提出，一个“不得”和“两个严格”，即不得违规违法买卖宅基地，要严格实行土地的用途管制，严格禁止下乡利用农村宅基地建设别墅大院和私人会馆。

为保障乡村振兴用地，破解“农村建设用地自己用不了、用不好”的困局，2019年中央一号文件明确提出，在符合土地利用总体规划前提下，允许县级政府通过村土地利用规划，调整优化村庄用地布局，有效利用农村零星分散的存量建设用地；允许预留部分规划建设用地指标用于单独选址的农业设施和休闲旅游设施等建设。同时，对利用收储农村闲置建设用地发展农村新产业新业态的，给予新增建设用地指标奖励。

（三）深入推进农村集体产权制度改革

农村集体产权制度改革是对农村生产关系的进一步调整和完善，事关保障农民的合法权益，事关巩固党在农村的执政基础，事关农业农村发展和社会稳定。2016 年年底，中央制定下发了关于稳步推进农村集体产权制度改革的意见，对改革的基本方向、路径、原则和目标任务作出了具体规定。2019 年中央一号文件进一步强调改革要坚持正确方向，发挥村党组织对集体经济组织的领导核心作用，防止内部少数人控制和外部资本侵占集体资产。同时，在城镇化进程当中，要依法保护农民的土地承包经营权、宅基地使用权和集体经济的收益分配权，不能强迫农民以放弃宅基地使用权为前提进城落户。

（四）完善农业支持保护制度

要以提升农业质量效益和竞争力为目标，强化绿色生态导向，加快建立新型农业支持保护政策体系，扩大“绿箱”政策的实施范围和规模，深化粮食收储制度改革，落实和完善对农民的直接补贴制度，健全粮食主产区利益补偿机制，探索粮食作物完全成本保险和收入保险试点。

二、强化人才支撑

人才是乡村振兴的第一资源。乡村振兴既要留得住绿水青山，还要留得住青年人才。从总体上看，我国仍处在人口由乡村向城市集中的阶段，“走出去”的趋势短期内不可能逆转。要防止乡村人口持续过度流失，处理好走出去、留下来和引回来的关系，让农村的产业、环境留住人，让农村的机会吸引人。要把培育本土人才与引进外来人才相结合，打好“乡情牌”，念好“引才经”，构建支持引导社会各方面人才参与乡村振兴的政策体系，打通促进人才向农村、向基层一线流动的通道。

（一）大力培育新型职业农民

全面建立职业农民制度，实施新型职业农民培育工程。加快建设一支知识型、技能型、创新型农业经营者队伍，优化农业从业者结构，改善农村人口结构。

（二）建立专业人才、科技人才参与乡村振兴机制

要着力抓好招才引智，促进各路人才“上山下乡”投身乡村振兴。建立县域专业人才统筹使用制度，提高农村专业人才服务保障能力。要探索新机制，全面建立高等院校、科研院所等事业单位专业技术人员到乡村和企业挂职、兼职和离岗创新创业制度，保障其在职称评定、工资福利、社会保障等方面的权益。探索公益性和经营性农技推广融合发展机制，允许农技人员通过提供增值服务合理取酬，调动积极性。

（三）鼓励社会各界投身乡村建设

从农村走出来的城里人，只要有机会，很多人都有回报家乡的愿望。“乡情牌”“乡愁牌”打好了，积极性调动起来了，渠道疏通了，对乡村振兴将会产生巨大作用。要建立有效激励机制，以乡情乡愁为纽带，吸引支持企业家、党政干部、专家学者、医生教师、规划师、建筑师、律师、技能人才等，通过下乡担任志愿者、投资兴业、包村包项目、行医办学、捐资捐物、法律服务等方式服务乡村振兴事业。要研究制定管理办法，允许符合要求的公职人员回乡任职。

（四）创新乡村人才培育引进使用机制

建立健全多种方式并举的人力资源开发机制，城乡、区域、校地之间人才培养合作与交流机制，城市医生教师、科技文化人员定期服务乡村机制。同时，要积极引导发挥新乡贤在乡村振兴，特别是在乡村治理中的积极作用。

三、强化投入保障

兵马未动，粮草先行。乡村振兴是党和国家的大战略，必须有真金白银的硬投入。没有投入做保障，喊是喊不出来的，干也是干不出名堂来的。要健全投入保障制度，创新投融资机制，拓宽筹集资金渠道，加快形成财政优先保障、金融重点倾斜、社会积极参与的多元投入格局。

（一）财政投入要与乡村振兴目标任务相适应

公共财政要更大力度向“三农”倾斜，加快建立涉农资金统筹整合长效机制。财政资金要发挥“四两拨千斤”作用，通过全国农业信贷担保体系，加快设立国家融资担保基金，支持地方政府发行一般债券用于支持乡村振兴、脱贫攻坚领域的公益性项目等，撬动更多金融和社会资本投向乡村振兴。同时，要规范地方政府举债融资行为，不得借乡村振兴之名违规违法变相举债。

（二）农村金融机构要回归本源

这些年来，在商业化原则引导下，由于激励和约束机制不健全等因素，各金融机构纷纷撤离县域，农村金融领域既存在供给总量不足问题，也存在供给结构不合理、质量不高等问题。农民和农村中小企业贷款难、贷款贵问题，长期得不到解决。2019 年中央一号文件提出要推动农村金融机构回归本源，坚持农村金融改革的正确方向，健全适合农业农村特点的农村金融体系，把更多金融资源配置到农村经济社会发展的重点领域和薄弱环节，更好满足乡村振兴多样化金融需求。要强化金融服务方式创新，防止脱实向虚倾向，严格管控风险，提高金融服务乡村振兴能力和水平。要抓紧出台关于金融服务乡村振兴的指导意见，制定金融服务乡村振兴的考核评估办法，把金融服务乡村振兴落到实处。

（三）土地收益要更多用于乡村振兴

长期以来，土地出让收益，可以说是“取之于乡，用之于城”，直接用在农村建设的比例是比较低的。要创新政策机制，把土地增值收益这块“蛋糕”切出更大的一块用于支持脱贫攻坚和乡村振兴。2019 年中央一号文件提出，调整完善土地出让收入使用范围，进一步提高农业农村投入比例。改进耕地占补平衡管理办法，建立高标准农田建设等新增耕地指标和城乡建设用地增减挂钩节余指标跨省域调剂机制，将所得收益通过支出预算全部用于巩固脱贫攻坚成果和支持实施乡村振兴战略。这项政策具有“一石多鸟”的作用。一方面，通过高标准农田建设补充的耕地，数量看得见、质量有保障，真正可以做到“占优补优”。新增耕地指标可以跨省交易，金融机构也愿意提供资金支持，可以加快高标准农田建设步伐。另一方面，可以缓解耕地占补平衡压力，有利于生态保护。

乡村振兴最终要靠农民，必须充分调动广大农民的积极性和主动性。要推广一事一议、以奖代补等方式，鼓励农民对直接受益的乡村基础设施建设投工投劳，让农民更多参与建设管护。

第三节　走中国特色社会主义乡村振兴道路

实施乡村振兴战略，要顺应农民新期盼，立足国情农情，以产业兴旺为重点、生态宜居为关键、乡风文明为保障、治理有效为基础、生活富裕为根本，推动农业全面升级、农村全面进步、农民全面发展，走中国特色的社会主义乡村振兴道路。

一、重塑城乡关系，走城乡融合发展之路

一个国家的发展，城市和乡村要协调进步。城市集聚人口、财富、技术，带动整个地区乃至整个国家发展；农村是生态屏障，为城乡居民提供农产品，传承国家源远流长的历史文化，城和乡两种

功能都需要。城市和农村是命运共同体，新型城镇化和乡村振兴是一个事物的两个方面，是互促互进、共生共存、有机一体的。能否处理好城乡关系，关乎社会主义现代化建设全局。推进城镇化决不能以农业萎缩、乡村凋敝为代价，要让城乡在发展过程中取长补短、相得益彰。

乡村振兴离不开外部要素的注入。城市对各类要素的吸引集聚能力往往大于乡村，资金、人才、技术等资源也往往更多地流向城市，而乡村则长期处于“失血”“贫血”的状态。要通过一系列城乡制度创新，打破这种各类要素单向流出的格局，让新时代的乡村振兴能够大力吸引新技术、新资源、新人才，促进各路人才“上山下乡”投身乡村振兴。工商资本是推动乡村振兴的重要力量。工商资本下乡，乡村有需求、资本有动力，发挥有空间，一方面要优化环境，稳定政策预期，引导好、服务好、保护好工商资本下乡的积极性；另一方面，也要设置好保护农民利益的“防火墙”，防止工商资本跑马圈地，侵害农村集体产权、侵犯农民利益。当前，城乡差距最大的要素配置差距是公共资源的配置差距。要把公共基础设施建设的重点放在农村，推进城乡基础设施共建共享、互联互通，特别是要加快乡村道路、农田水利、用电用网的基础设施建设，加快推动公共服务下乡，逐步建立健全全民覆盖、普惠共享、城乡一体的基本公共服务体系。

二、巩固和完善农村基本经营制度，走共同富裕之路

农村基本经营制度是乡村振兴的制度基础。一个国家与社会的财产制度是建立在土地制度基础上的，土地制度是牵动全局的大制度。当前，农村改革的主线仍然是处理好农民与土地的关系，最大的政策仍然是坚持和完善农村基本经营制度。要坚持农村土地集体所有，坚持家庭经营基础性地位，坚持稳定土地承包关系，完善农村产权制度，健全农村要素市场化配置机制，实现小农户和现代农业发展有机衔接，这是走共同富裕道路的根本依靠。

党的十九大决定，农村土地第二轮承包到期后再延长30年，这是保持土地承包关系长久不变的重大举措，顺应了亿万农民保留土地承包权、流转土地经营权的期待，给农民吃下了长效“定心丸”。农村土地所有权、承包权、经营权“三权分置”是重大的制度创新和理论创新。要完善承包地“三权分置”制度，在依法保护集体土地所有权和农户承包权前提下，平等保护土地经营权，创新“三权分置”的具体实现形式。要认识到小规模家庭经营是农业的本源性制度，“大国小农”是我国的基本国情农情，我国各地农业资源禀赋差异很大，很多丘陵山区地块零碎，“一蛙跳三丘”的地块很多，不是所有的地方都适合搞规模经营。小农户生产是我国在相当长一段时期存在的必然现象，小农户生产有利于降低农业风险，稳定大国农产品供给，同时，小农户生产在传承农耕文明、解决农民就业增收等方面也具有不可替代的作用。要改善小农户生产设施条件，提升他们的抗风险能力，扶持小农户扩展增收空间，将其引入现代农业发展轨道。要搞好统一经营服务、盘活用好集体资源资产、发展多种形式的股份合作，发展壮大农村集体经济，这是引领农民实现共同富裕的重要途径。

三、深化农业供给侧结构性改革，走质量兴农之路

党的“十九大”对我国当前发展阶段的主要矛盾作出了重要判断，我国社会主要矛盾已经转化为人民日益增长的美好生活需要和不平衡不充分的发展之间的矛盾。要有效破解这一矛盾，农业方面就要深化供给侧结构性改革，走质量兴农之路，加快推进农业由增产导向转向提质导向，加快构建现代农业产业体系、生产体系、经营体系，不断提高我国农业综合效益和竞争力。中国是一个有十三亿多人口的大国，粮食问题始终是关系国计民生的重大问题。中国人的饭碗要牢牢端在自己手上，我们的饭碗应该主要装中国粮。这一条是我们农业发展的底线，也是丝毫不能动摇的。保障粮食安全，关键是要保粮食生产能力，守住耕地红线，搞好农田水利，大力发

展现代种业、农业机械化，真正把“藏粮于地、藏粮于技”战略落到实处。

质量就是效益，质量就是竞争力。当前农业的主要矛盾已经由过去总量不足转变为结构性矛盾，突出表现就是结构性供过于求和供给不足同时存在。这既与我们资源禀赋利用结构有关，也与人民群众膳食结构升级有关，因此必须下决心对农业生产结构和生产力布局进行大的调整，尽快实现农业由总量扩张到质量提升的转变。走质量兴农之路，要突出农业绿色化、优质化、特色化、品牌化。发展优质农产品归根结底要靠市场制度创新，要厘清政府和市场关系，让市场要素深入参与到农产品的产销一体化中来。质量更深一层是安全，要把与老百姓切身利益息息相关的农产品质量安全建设摆到更加突出的位置。乡村振兴的过程也是重塑乡村价值的过程。时代的发展重新赋予了乡村新的内涵，现在乡村不再是单一从事农业的地方，还具有重要的生态涵养功能、休闲观光功能、文化传播功能等，越来越成为人们养生养老、创新创业、生活居住的新空间。在乡村经济价值、生态价值、社会价值、文化价值日益凸显的情势下，就要求我们因势利导，采取各项举措促进农村一二三产业融合发展，加快发展农村新产业、新业态，推动农业农村的再优化、再升级。

四、坚持人与自然和谐共生，走乡村绿色发展之路

良好的生态环境是农村的最大优势和宝贵财富，要让绿色生态成为乡村振兴的支撑点和增长极。很长一段时期以来，生态建设往往让位于经济发展，农业生产方式比较粗放，化肥、农药投入过量，缺水地区大水漫灌，围湖造田、围海造地、过度养殖、过度捕捞、过度放牧等现象还大量存在。这些行为导致部分地方土壤硬化板结，重金属含量超标，东北黑土层越种越薄，华北地下水漏斗区不断扩大。生态环境恶化，影响的是我国农业的可持续发展能力，影响的是我们子孙后代的幸福福祉，这些对生态环境的欠账在将来都是需

要加倍偿还的。因此，必须从根本上改变这种“竭泽而渔、焚薮而田”的粗放农业生产方式，处理好经济发展和生态环境保护之间的关系。

以绿色发展引领乡村振兴是一场深刻革命。很多农民依然有“种花种草没温饱，种果种树不致富”的想法，认为乡村生态建设带来不了什么实质性效益，只会起到遮阴乘凉作用。这就说明我们的工作任务更加繁重。要让老百姓看到生态改善带来的真真正正的好处，尝到实实在在的甜头。要健全以绿色生态为导向的农业政策支持体系，建立绿色低碳循环的农业产业体系，加快构建科学适度有序的农业空间布局体系，切实改变农业过度依赖资源消耗的发展模式。要加强农业面源污染防治，实现投入品减量化、生产清洁化、废弃物资源化、生产模式生态化。让保护生态环境的人不吃亏，让农民成为绿色空间的守护人。要聚焦乡村人居环境的突出短板，围绕落实农村人居环境整治三年行动方案，以农村垃圾处理、污水治理和村容村貌提升为主攻方向，梯次推动乡村山水林田路房整体改善，加快改变一些乡村“脏乱差”的面貌，给农民一个干净整洁的生活环境。

五、传承发展提升农耕文明，走乡村文化兴盛之路

中华文明绵延数千载而不衰，一个很重要的原因就是拥有根植于农耕文明并延伸出来的众多优秀品质，像法道自然、天人合一的生态伦理，耕读传家、父慈子孝的祖传家训，邻里守望、诚信重礼的乡风民俗，这些优秀品质已经扎根于中华民族的血脉之中，成为中华民族文化基因的一部分。要把这些源于历史和传统的好习俗、好风尚传承下来，深入挖掘、继承、创新优秀传统乡土文化，不但要留住有历史印记的建筑、村寨、古迹、遗迹等有形的文化载体，也要让具有农耕特质、民族特色、区域特点、良好教化意义的非物质文化遗产发扬光大，代代传承。

要把我国农耕文明优秀遗产和现代文明要素结合起来，赋予新

的时代内涵，这是乡村振兴的应有之义。当前，一些地方的农村不良风气盛行，天价彩礼、不尊不孝、诚信缺失、拜金主义、教育无用论等大行其道。这也在告诫我们，群众也是需要教育的，要在传统优良习俗和陈规陋习之间画出一条线，旗帜鲜明地告诉群众什么是提倡的，什么是反对的。农村的精神文明建设已经到了刻不容缓的地步，要充分发挥红白理事会、村规民约等的积极作用，加大教育宣传力度，推动移风易俗，引导树立文明乡风。

六、创新乡村治理体系，走乡村善治之路

健全自治、法治、德治相结合的乡村治理体系，这是实现乡村善治的有效途径。要加强和创新乡村治理，建立健全党委领导、政府负责、社会协同、公众参与、法治保障的现代乡村社会治理体制，让农村社会既充满活力又和谐有序。村民自治制度是中国特色社会主义民主政治的重要组成部分。村民自治在体现村民意志、保障村民权益、激发农村活力等方面具有重要作用。要通过引导农村基层组织、社会组织和村民个人有序参与农村发展事务，进一步提升农民群众自我管理、自我服务水平。

办好农村的事，要靠好的带头人，要有坚强的基层党组织。“上面千条线，下面一根针”，要抓住健全乡村组织体系这个关键，特别是要加强农村基层党组织带头人队伍和党员队伍建设，整顿涣散农村基层党组织，解决弱化、虚化、边缘化问题。要赢得农民群众的信任，就要廓清农村基层政治生态，严肃查处侵犯农民利益的“微腐败”，加强对农村基层干部队伍的监督管理。同时，要丰富基层民主协商的实现形式，发挥村民监督作用，让农民自己“说事、议事、主事”，做到村里的事村民商量着办，引导干部群众尊法学法守法用法，依法表达诉求、解决纠纷、维护权益。要创新基层管理体制机制，健全乡村便民服务体系，加快完善农村治安防控体系，从加强老百姓身边的生活设施建设入手，让农民生活方便、办事便捷、日常安全。

七、打好精准脱贫攻坚战，走中国特色减贫之路

精准脱贫攻坚战是党的“十九大”报告中提出的三大攻坚战之一，对全面建成小康社会具有决定性意义。打好精准脱贫攻坚战，任务十分艰巨。全面小康目标能否如期实现，关键取决于脱贫攻坚战能否打赢。未来 3 年，还有约 3 000万贫困人口需要脱贫，同时，贫困人口结构发生了很大变化，致贫原因复杂，脱贫难度更大，是最难啃的硬骨头。必须以更有力的行动、更扎实的工作，集中力量攻坚克难，确保精准脱贫攻坚战打得赢、打得好。

要强化产业和就业扶持，激发贫困群众内生脱贫动力，教育引导广大群众用自己的辛勤劳动实现脱贫致富，帮助有劳动能力的贫困人口脱贫解困。要有序推进易地搬迁扶贫，让困难群众搬得出、留得下、能致富，真正融入新的生活环境。要聚焦特殊贫困人口精准发力，加快织密筑牢民生保障安全网，把没有劳动能力的老弱病残等特殊贫困人口的基本生活兜起来，强化保障性扶贫。对于深度贫困地区，要加强区域性扶贫举措，特别是着力补齐贫困地区基础设施和公共服务短板，全面改善贫困地区义务教育基本办学条件，把农村公路、安全饮水、电网、物流、互联网等基础设施作为重要扶贫举措来抓，提高贫困地区的自我造血能力和脱贫的可持续性。

第三章　乡村振兴实现路径

以完善利益联结机制为核心，以制度、技术和商业模式创新为动力，推进农村一二三产业交叉融合，加快发展根植于农业农村、由当地农民主办、彰显地域特色和乡村价值的产业体系，推动乡村产业全面振兴。

第一节　产业兴旺

一、理解产业兴旺的内涵

乡村振兴，产业兴旺是重点。产业发展是激发乡村活力的基础所在，不仅要农业兴，更要百业旺。五谷丰登、六畜兴旺、三产深度融合，是乡村振兴的重要标志。要坚持质量兴农、绿色兴农，以农业供给侧结构性改革为主线，夯实农业生产能力基础，加快构建现代农业产业体系、生产体系、经营体系，建立健全农村一二三产业融合发展体系，统筹兼顾培育新型农业经营主体和扶持小农户，促进小农户和现代农业发展有机衔接，优化农业资源配置，着力促进农业节本增效，提高农业创新力、竞争力和全要素生产率。要充分挖掘乡村多种功能和价值，大力发展农村新产业新业态，鼓励在乡村地区兴办环境友好型企业。培育农业农村发展新动能，统筹利用国内国际两种资源、两个市场。

二、夯实农业生产能力基础

深入实施藏粮于地、藏粮于技战略，严守耕地红线，确保国家粮食安全。全面落实永久基本农田特殊保护制度，加快划定和建设粮食生产功能区、重要农产品生产保护区，完善支持政策。大规模推进农村土地整治和高标准农田建设，稳步提升耕地质量。加强农田水利建设。实施国家农业节水行动，加快灌区续建配套与现代化改造，推进小型农田水利设施达标提质。加快建设国家农业科技创新体系。深化农业科技成果转化和推广应用改革。加快发展现代农作物、畜禽、水产、林木种业。推进我国农机装备产业转型升级，加强科研机构、设备制造企业联合攻关。优化农业从业者结构，加快建设知识型、技能型、创新型农业经营者队伍。大力发展数字农业。

三、大力培育农业新型经营主体

一是要发挥新型农业经营主体对普通农户的辐射带动作用，推进家庭经营、集体经营、合作经营、企业经营共同发展。

二是要运用市场的办法推进生产要素向新型农业经营主体优化配置，发挥政策引导作用，优化存量、倾斜增量，撬动更多社会资本投向农业，既扶优扶强又不“垒大户”，既积极支持又不搞“大呼隆”，为新型农业经营主体发展创造公平的市场环境。

三是要充分发挥农民首创精神，不断创新经营组织形式，重点支持新型农业经营主体发展绿色农业、生态农业、循环农业，率先实施标准化生产、品牌化营销、一二三产业融合。

四、农业生产性服务业的含义

农业生产性服务业有广义和狭义之分。广义的农业生产性服务业跨度从田间到餐桌，是指为贯穿于农产品生产到食品进入老百姓餐桌全过程的生产经营提供服务的行为。而狭义的农业生产性服务业集中于农产品的生产过程，是指为从种到收的农业生产作业提供全部或部分生产经营服务的活动。可以将农业生产性服务业概括为为农民从事农业生产经营提供方便、农民省心省钱省力气的产业。简而言之，通过服务，满足农户三方面的需求：一是要省力。耕种防收太累人，要用机器代替人，让农民生产经营省力气。二是要省钱。个人分散购买化肥农药量少，价格高；农户自购农机，使用不经济、利用不充分。集中采购、集中作业，帮助农民更省钱。三是要省心。

五、农业生产性服务业的内容

要聚焦帮助普通农户和新型农业经营主体，提供五个方面的服务。

一是农业市场信息服务。围绕农户生产经营决策需要，健全市场信息采集、分析和发布的服务体系，用市场信息引导农户按市场需求调整安排生产经营活动，规避市场风险，帮助农户提升对市场的判断和预期能力。

二是农资供应服务。为农民选用种子、购买化肥农药提供服务，特别是提供生产资料的连锁经营、集中配送服务，帮助农民节约生产开支。

三是农业技术服务。鼓励各类服务组织开展不同作业环节的技术指导，帮助农户提高生产经营效益，实现绿色发展。

四是农机作业服务。这是当前农业生产性服务业的重点。要促进农机作业服务由种植业向其他产业延伸，由田间作业向产前、产后拓展，形成总量适宜、布局合理、经济便捷、专业高效的农机服务新格局。

五是农产品营销服务。要帮助农户把产品卖得出去，同时要卖出好价钱。既要重视传统的营销渠道，又要注重运用各种新平台、展会、嘉年华，线上线下开辟新的空间格局，实现产销有机衔接。

当前农业生产性服务业要特别关注绿色生产技术、废弃物资源化利用、品牌塑造、市场营销方面的服务功能开发和拓展。

六、引导农业生产性服务业健康发展

发展农业生产性服务业，要着眼满足普通农户和新型经营主体的生产经营需要，立足服务农业生产产前、产中、产后全过程，充分发挥公益性服务机构的引领带动作用，重点发展农业经营性服务，包括农业市场信息服务、农资供应服务、农业绿色生产技术服务、农业废弃物资源化利用服务、农机作业及维修服务、农产品初加工服务、农产品营销服务等。大力培育服务组织，推动服务主体联合融合发展，推进专项服务与综合服务协调发展，推广农业生产托管，探索创新农业技术推广服务机制。

七、推进农业高质量发展

推进农业绿色化、优质化、特色化、品牌化，调整优化农业生产力布局。推进特色农产品优势区创建，建设现代农业产业园、农业科技园。推行标准化生产，培育农产品品牌，打造一村一品、一县一业发展新格局。加快发展现代高效林业，推进森林生态标志产品建设工程。加强植物病虫害、动物疫病防控体系建设。优化养殖业空间布局，大力发展绿色生态健康养殖。统筹海洋渔业资源开发，建设现代化海洋牧场。建立产学研融合的农业科技创新联盟，加强农业绿色生态、提质增效技术研发应用。完善农产品质量和食品安全标准体系，加强农业投入品和农产品质量安全追溯体系建设，健全农产品质量和食品安全监管体制。

八、破解农村产业发展资金短缺问题

继续推进农村金融机构创新、产品创新、服务创新。健全投入保障制度，创新投融资机制，加快形成财政优先保障、金融重点倾斜、社会积极参与的多元投入格局。建立健全实施乡村振兴战略财政投入保障制度，优化财政供给结构，撬动金融和社会资本更多投向乡村，发行一般债券用于支持乡村振兴、脱贫攻坚领域的公益性项目；调整完善土地出让收入使用范围，进一步提高农业农村投入比例，严格控制未利用地开垦，改进耕地占补平衡管理办法；坚持农村金融改革发展的正确方向，健全适合农业农村特点的农村金融体系，推动农村金融机构回归本源，把更多金融资源配置到农村经济社会发展的重点领域和薄弱环节，更好地满足乡村振兴多样化金融需求。

九、加强农产品品牌建设

立足精致发展，全产业链设计品牌战略，通过品牌建设倒逼农业产业链各个环节升级改造；立足精管细作，建立绿色生产体系，大力推广绿色生产技术，把农业产前、产中、产后各环节纳入标准化生产和数字化管理轨道；立足跨界融合，建立龙头型产业体系，通过一二三产业融合扩大品牌农产品组合，推动产业增值升级；立足于深耕市场，建立高效营销体系，与互联网深度融合，加快推动定制农业、现代营销体系和质量管理精准发展；注重培育农业品牌文化，挖掘品牌背后的故事，提升品牌美誉度。

十、加强农产品流通体系的建设

统筹规划农产品市场流通网络布局，重点支持重要农产品集散地、优势农产品产地批发市场建设，加强农产品期货市场建设。实施粮食收储供应安全保障工程，加强粮油仓储物流设施建设，发展农产品低温仓储、分级包装、电子结算。健全覆盖农产品收集、存储、加工、运输、销售等各环节的冷链物流体系。加快培育现代流通方式和新型流通业态，大力发展快捷高效配送。积极推进“农批对接”“农超对接”等多种形式的产销衔接，加快发展农产品电子商务，降低流通费用，强化农产品商标和地理标志保护。

十一、发展田园综合体需要注意的问题

田园综合体建设应以市场为导向，吸引更多的社会资本投向农业农村，探索多种建设形式，避免一哄而上，大拆大建，并根植于乡土，依托乡村自然文化景观，进行适度和本土化改造，应尊重农民意愿，让农民充分参与并受益。田园综合体建设要以农村现有的产业为基础，进行优化升级，给当地农民提供充分的就业及创业的机会和空间；要用历史和发展的眼光保护乡村里的特色民居、遗址及非物质文化遗产等，防止过度设计、过度改造和过度开发；要建立有效的利益联结机制，防止本地居民在产业发展和利益分享中被“挤出”，集体资产被外来资本控制。

以规模化种养基地为基础，依托农业产业化龙头企业带动，聚集现代生产要素，建设“生产+加工+科技”的现代农业产业园。科学制定产业园规划，统筹布局生产、加工、物流、研发、示范、服务等功能板块。统筹使用高标准农田建设、农业综合开发、现代农业生产发展等相关项目资金，集中建设产业园基础设施和配套服务体系。吸引龙头企业和科研机构建设运营产业园，发展设施农业、精准农业、精深加工、现代营销，带动新型农业经营主体和农户专业化、标准化、集约化生产。鼓励农户和返乡下乡人员通过订单农业、股份合作、入园创业就业等多种方式，参与建设，分享收益。

十二、巩固粮食生产能力

深入实施藏粮于地、藏粮于技战略；严守耕地红线，严格落实高标准农田建设等新增耕地指标和城乡建设用地增减挂钩节余指标跨省调剂政策，加强补充耕地质量验收，防止占优补劣，以次充好；充分调动农民务农种粮和地方政府重农抓粮的积极性，确保国家粮食安全，把中国人的饭碗牢牢端在自己手中。划定粮食生产功能区，全面落实永久基本农田特殊保护制度，继续推进高标准农田建设，确保粮食面积稳定、产能稳定，做到结构调整和粮食生产“两手抓

两手硬”。

十三、推进城乡产业融合发展

城乡产业要分工合理。应将资源型产品开发、农业初级产品加工和一些劳动密集型产业更多地布局到广大农村，从而降低生产成本、增加农村就业机会，活跃农村经济。农村产业要全面发展，加强农村生产设施建设，提高科技水平，培育产业主体，鼓励采用先进生产方式、组织形式，推进农村一二三产业融合，加快培育新业态、新动能。建立健全引导城市产业、消费、要素向农村流动的政策体系，推动城乡互动、产业融合。

十四、解决农村发展缺少人才的问题

一是大力培育本土人才。大力培育新型职业农民和新型农业经营主体，完善政策挖掘扶持乡土人才，加强对本地农村基层干部的选拔，培养一批农村干部、农业职业经理人、经纪人、乡村工匠、文化能人、非遗传承人等；二是筑巢引凤聚天下人才。制定人才返乡下乡政策，实施好“三支一扶”（支教、支农、支医和扶贫）、特岗教师计划等，吸引支持企业家、党政干部、专家学者、医生教师、规划师、建筑师、律师、技能人才等，通过下乡投资兴业、行医办学、捐资捐物、法律服务等方式服务农村发展。

十五、引导工商资本投资农业农村应注意的问题

工商资本是乡村建设的重要力量，但是在实践中如果用不好也可能会侵害农民利益。工商资本力量像一把双刃剑，在乡村振兴过程中，必须采取有效措施，防止、规避工商资本下乡的不利影响，发挥工商企业的积极作用。乡村振兴利用好工商资本，关键要坚持以下原则：一是法治，严格按照法律规章制度办事；二是充分做好群众工作，防止越俎代庖；三是构建“亲乡亲、有利润、可持续”的工商资本参与乡村振兴的合作关系。一方面，鼓励工商资本重点

发展资本、技术密集型产业，从事农产品加工流通和农业社会化服务，把现代经营理念和产业组织方式引入农业，推动传统农业加速向现代农业转型升级，优化要素资源配置，促进一二三产业融合发展。另一方面，限制工商资本长时间、大面积租赁农地，严禁通过下指标、定任务等方式强迫农户流转农地，禁止擅自改变农地用途、严重破坏或污染租赁农地等违法违规行为。

十六、提高设施农业发展水平

实施园艺产品提质增效工程，推动设施装备升级、优良品种推广、技术集成创新。加强设施蔬菜连作障碍综合治理，推广轮作倒茬、深翻改土、高温闷棚、增施有机肥等技术，改善产地环境。引导优势区加快老果茶园改造，集成推广优质果树无病毒良种苗木和茶树无性系良种苗木。集中打造一批设施标准、管理规范、特色鲜明的中药材生产基地。加快实施马铃薯主食开发，完善主食产品配方及工艺流程。

十七、带动小农户发展现代农业

统筹兼顾培育新型农业经营主体和扶持小农户，采取有针对性的措施，把小农生产引入现代农业发展轨道。培育各类专业化市场化服务组织，推进农业生产全程社会化服务，帮助小农户节本增效。发展多样化的联合与合作，提升小农户组织化程度。注重发挥新型农业经营主体带动作用，打造区域公用品牌，开展农超对接、农社对接，帮助小农户对接市场。扶持小农户发展生态农业、设施农业、体验农业、定制农业，提高产品档次和附加值，拓展增收空间。改善小农户生产设施条件，提升小农户抗风险能力。研究制定扶持小农生产的政策意见。

十八、支持农民创业创新的新思路

加强对农民工等人员返乡创业培训，支持返乡创业园、返乡创业孵化园、信息服务平台、实训基地和乡村旅游创客示范基地建设。深入推行科技特派员制度。大力发展农产品电子商务，提高农村物流水平。提升休闲农业和乡村旅游发展质量，改善公共服务设施条件。推动科技、人文等元素融入农业，积极探索农产品个性化定制服务、会展农业、农业众筹等新型业态。挖掘农村传统工匠技艺，发展一乡一业、一村一品，培育乡村手工艺品和农村土特产品牌。强化政策倾斜，加大对“三农”金融服务的政策支持，重点支持发展农户小额贷款、新型农业经营主体贷款、种养业贷款等。

十九、完善普通农户与新型农业经营主体的利益联结机制

引导龙头企业创办或入股合作组织，支持农民合作社入股或兴办龙头企业，发展农业产业化经营联合体。创新发展订单农业，支持龙头企业为农户提供贷款担保和技术服务，资助农户参加保险。探索建立新型农民合作社管理体系，拓展合作领域和服务内容。鼓励大型粮油加工企业与农户以供应链融资等方式结成更紧密的利益共同体。以土地、林地为基础的各种形式合作，凡是享受财政投入或政策支持的承包经营者均应成为股东，并采取“保底收益+按股分红”等形式，与农户分享加工、销售环节收益。

二十、呵护小农户，不能一味垒大户

相当长的时期内，在我国农业经营中小规模的兼业农户仍然会占大多数，仍将是我国农业生产经营的主要形式。可以说，没有小农户的现代化就不可能有中国农业农村现代化。小农户不仅是农业经济的基本单元，也是传统农耕文明的重要载体，在我国经济社会发展中发挥着“稳定器”的作用。因此，新时代乡村振兴，绝不能抛弃小农、遗忘小农户、剥夺小农户的权利，更不能一味垒大户、造盆景。要谨防国家公共投入过度流向大户，防止农村产生新的贫富悬殊。在积极引导工商资本下乡时，要防止“要老板，不要老乡”的“傍大款”行为，要注意防止工商资本对普通小农利益的挤压和

对农村资源的掠夺。

第二节　生态宜居

一、推进农业绿色发展

以生态环境友好和资源永续利用为导向，推动形成农业绿色生产方式，实现投入品减量化、生产清洁化、废弃物资源化、产业模式生态化，提高农业可持续发展能力。

（一）强化资源保护与节约利用

实施国家农业节水行动，建设节水型乡村。深入推进农业灌溉用水总量控制和定额管理，建立健全农业节水长效机制和政策体系。逐步明晰农业水权，推进农业水价综合改革，建立精准补贴和节水奖励机制。严格控制未利用地开垦，落实和完善耕地占补平衡制度。实施农用地分类管理，切实加大优先保护类耕地保护力度。降低耕地开发利用强度，扩大轮作休耕制度试点，制定轮作休耕规划。全面普查动植物种质资源，推进种质资源收集保存、鉴定和利用。强化渔业资源管控与养护，实施海洋渔业资源总量管理、海洋渔船“双控”和休禁渔制度，科学划定江河湖海限捕、禁捕区域，建设水生生物保护区、海洋牧场。

（二）推进农业清洁生产

加强农业投入品规范化管理，健全投入品追溯系统，推进化肥农药减量施用，完善农药风险评估技术标准体系，严格饲料质量安全管理。加快推进种养循环一体化，建立农村有机废弃物收集、转化、利用网络体系，推进农林产品加工剩余物资源化利用，深入实施秸秆禁烧制度和综合利用，开展整县推进畜禽粪污资源化利用试点。推进废旧地膜和包装废弃物等回收处理。推行水产健康养殖，加大近海滩涂养殖环境治理力度，严格控制河流湖库、近岸海域投饵网箱养殖。探索农林牧渔融合循环发展模式，修复和完善生态廊道，恢复田间生物群落和生态链，建设健康稳定田园生态系统。

（三）集中治理农业环境突出问题

深入实施土壤污染防治行动计划，开展土壤污染状况详查，积极推进重金属污染耕地等受污染耕地分类管理和安全利用，有序推进治理与修复。加强重有色金属矿区污染综合整治。加强农业面源污染综合防治。加大地下水超采治理，控制地下水漏斗区、地表水过度利用区用水总量。严格工业和城镇污染处理、达标排放，建立监测体系，强化经常性执法监管制度建设，推动环境监测、执法向农村延伸，严禁未经达标处理的城镇污水和其他污染物进入农业农村。

二、持续改善农村人居环境

以建设美丽宜居村庄为导向，以农村垃圾、污水治理和村容村貌提升为主攻方向，开展农村人居环境整治行动，全面提升农村人居环境质量。

（一）加快补齐突出短板

推进农村生活垃圾治理，建立健全符合农村实际、方式多样的生活垃圾收运处置体系，有条件的地区推行垃圾就地分类和资源化利用。开展非正规垃圾堆放点排查整治。实施“厕所革命”，结合各地实际普及不同类型的卫生厕所，推进厕所粪污无害化处理和资源化利用。梯次推进农村生活污水治理，有条件的地区推动城镇污水管网向周边村庄延伸覆盖。逐步消除农村黑臭水体，加强农村饮用水水源地保护。

（二）着力提升村容村貌

科学规划村庄建筑布局，大力提升农房设计水平，突出乡土特色和地域民族特点。加快推进通村组道路、入户道路建设，基本解决村内道路泥泞、村民出行不便等问题。全面推进乡村绿化，建设具有乡村特色的绿化景观。完善村庄公共照明设施。整治公共空间和庭院环境，消除私搭乱建、乱堆乱放。继续推进城乡环境卫生整洁行动，加大卫生乡镇创建工作力度。鼓励具备条件的地区集中连片建设生态宜居的美丽乡村，综合提升田水路林乡村风貌，促进村庄形态与自然环境相得益彰。

（三）建立健全整治长效机制

全面完成县域乡村建设规划编制或修编，推进实用性村庄规划编制实施，加强乡村建设规划许可管理。建立农村人居环境建设和管护长效机制，发挥村民主体作用，鼓励专业化、市场化建设和运行管护。推行环境治理依效付费制度，健全服务绩效评价考核机制。探索建立垃圾污水处理农户付费制度，完善财政补贴和农户付费合理分担机制。依法简化农村人居环境整治建设项目审批程序和招投标程序。完善农村人居环境标准体系。

三、加强乡村生态保护与修复

大力实施乡村生态保护与修复重大工程，完善重要生态系统保护制度，促进乡村生产生活环境稳步改善，自然生态系统功能和稳定性全面提升，生态产品供给能力进一步增强。

（一）实施重要生态系统保护和修复重大工程

统筹山水林田湖草系统治理，优化生态安全屏障体系。大力实施大规模国土绿化行动，全面建设三北、长江等重点防护林体系，扩大退耕还林还草，巩固退耕还林还草成果，推动森林质量精准提升，加强有害生物防治。稳定扩大退牧还草实施范围，继续推进草原防灾减灾、鼠虫草害防治、严重退化沙化草原治理等工程。保护和恢复乡村河湖、湿地生态系统，积极开展农村水生态修复，连通河湖水系，恢复河塘行蓄能力，推进退田还湖还湿、退圩退垸还湖。大力推进荒漠化、石漠化、水土流失综合治理，实施生态清洁小流域建设，推进绿色小水电改造。加快国土综合整治，实施农村土地综合整治重大行动，推进农用地和低效建设用地整理以及历史遗留损毁土地复垦。加强矿产资源开发集中地区特别是重有色金属矿区地质环境和生态修复，以及损毁山体、矿山废弃地修复。加快近岸海域综合治理，实施蓝色海湾整治行动和自然岸线修复。实施生物多样性保护重大工程，提升各类重要保护地的保护管理能力。加强野生动植物保护，强化外来入侵物种风险评估、监测预警与综合防控。开展重大生态修复工程气象保障服务，探索实施生态修复型人工增雨工程。

（二）健全重要生态系统保护制度

完善天然林和公益林保护制度，进一步细化各类森林和林地的管控措施或经营制度。完善草原生态监管和定期调查制度，严格实施草原禁牧和草畜平衡制度，全面落实草原经营者生态保护主体责任。完善荒漠生态保护制度，加强沙区天然植被和绿洲保护。全面推行河长制湖长制，鼓励将河长湖长体系延伸至村一级。推进河湖饮用水水源保护区划定和立界工作，加强对水源涵养区、蓄洪滞涝区、滨河滨湖带的保护。严格落实自然保护区、风景名胜区、地质遗迹等各类保护地保护制度，支持有条件的地方结合国家公园体制试点，探索对居住在核心区域的农牧民实施生态搬迁试点。

（三）健全生态保护补偿机制

加大重点生态功能区转移支付力度，建立省以下生态保护补偿资金投入机制。完善重点领域生态保护补偿机制，鼓励地方因地制宜探索通过赎买、租赁、置换、协议、混合所有制等方式加强重点区位森林保护，落实草原生态保护补助奖励政策，建立长江流域重点水域禁捕补偿制度，鼓励各地建立流域上下游等横向补偿机制。推动市场化多元化生态补偿，建立健全用水权、排污权、碳排放权交易制度，形成森林、草原、湿地等生态修复工程参与碳汇交易的有效途径，探索实物补偿、服务补偿、设施补偿、对口支援、干部支持、共建园区、飞地经济等方式，提高补偿的针对性。

（四）发挥自然资源多重效益

大力发展生态旅游、生态种养等产业，打造乡村生态产业链。进一步盘活森林、草原、湿地等自然资源，允许集体经济组织灵活利用现有生产服务设施用地开展相关经营活动。鼓励各类社会主体参与生态保护修复，对集中连片开展生态修复达到一定规模的经营主体，允许在符合土地管理法律法规和土地利用总体规划、依法办理建设用地审批手续、坚持节约集约用地的前提下，利用1%~3%治理面积从事旅游、康养、体育、设施农业等产业开发。深化集体林权制度改革，全面开展森林经营方案编制工作，扩大商品林经营自主权，鼓励多种形式的适度规模经营，支持开展林权收储担保服务。完善生态资源管护机制，设立生态管护员工作岗位，鼓励当地群众参与生态管护和管理服务。进一步健全自然资源有偿使用制度，研究探索生态资源价值评估方法并开展试点。

第三节　乡风文明

一、乡风文明对于乡村振兴的意义

乡村振兴，乡风文明是保障。伴随着城市化快速推进和城市文明的扩张，传统乡村文化被忽视、破坏和取代的情况时有发生，一些地方乡村传统生活形态、社会关系日趋淡薄，乡村文化日渐荒芜。全面振兴乡村，必须坚持物质文明和精神文明一起抓，既要“富口袋”，也要“富脑袋”，提升农民精神风貌，培育文明乡风、良好家风、淳朴民风，不断提高乡村社会文明程度。从文化视角观察，“全面塑造淳朴文明的良好乡风，用好传统文化在农村底蕴深厚、流传久远的优势，倡导现代文明理念的生活方式”是内嵌于“乡村振兴战略”总要求的重要内容，也是广大农民对美好生活的向往和期盼。

二、理解新时代乡风文明建设的内涵

新时代乡风文明建设的内涵包括以下四方面。

一是要加强农村思想道德建设。以社会主义核心价值观为引领，坚持教育引导、实践养成、制度保障三管齐下，采取符合农村特点的有效方式，深化中国特色社会主义和中国梦宣传教育，大力弘扬民族精神和时代精神。

二是要传承发展提升农村优秀传统文化。立足乡村文明，吸取城市文明及外来文化优秀成果，在保护传承的基础上，创造性转化、创新性发展，不断赋予时代内涵、丰富表现形式。

三是要加强农村公共文化建设。按照有标准、有网络、有内容、有人才的要求，健全乡村公共文化服务体系。

四是要开展移风易俗行动。广泛开展文明村镇、星级文明户、文明家庭等群众性精神文明创建活动。

三、当前乡村存在的不文明现象

一是铺张浪费。生儿育女、升学参军、乔迁新居、生日寿宴、红白喜事等大操大办，巨额彩礼致贫返贫现象不断发生。二是生产生活方式落后。乱倒生活垃圾、乱排生活污水、乱堆乱放杂物，乱扔药瓶，污染环境。三是传统亲情缺失。对老人不尽赡养义务，薄养厚葬。四是封建迷信盛行。占卜算命，搞封建迷信。五是赌博成风。打麻将、打扑克等赌博现象时有发生。

四、支持农村题材文艺创作生产的着力点

发挥县级公共文化机构辐射作用，推进基层综合性文化服务中心建设，实现乡村两级公共文化服务全覆盖，提升服务效能。支持“三农”题材文艺创作生产，鼓励文艺工作者不断推出反映农民生产生活尤其是乡村振兴实践的优秀文艺作品，充分展示新时代农村农民的精神面貌。培育挖掘乡土文化本土人才，开展文化结对帮扶，

引导社会各界人士投身乡村文化建设。活跃繁荣农村文化市场，丰富农村文化业态，为农村题材文艺创作提供良好的外部环境。

五、培育和挖掘乡土文化人才

主要应做好以下四个方面工作。

一是重发现。各级党委、政府应高度重视，从文化馆、博物馆、乡镇文化宣传员和各村委会干部中抽组人员对乡土文化人才进行调查摸底，逐村探访乡土文化艺人，切实把乡土文化人才发掘出来。

二是重管理。应充分调研考证，对乡土文化人才进行归类建档，建立人才信息库，对乡土文化人才实施分类、分级管理。

三是重培育。当前，乡土文化人才总体上呈现老龄化趋势，群体发展趋势逐年弱化。要进一步建立完善乡土文化人才培育机制，加强对新一代乡土文化人才的培育。

四是重激励。在乡土文化人才制度建设上，应设立专项资金，给予相应补贴加以激励，以调动其传承发展乡土文化的积极性和创造性。

六、乡村文化建设必须发挥农村传统道德的力量

农村传统道德观念倡导：爱国家、孝父母、敬师长、重教育、睦宗族、和乡邻、勤耕耘、尚节俭、正婚嫁、守本分、息争讼、戒赌博、重情谊、慎言行等。这些传统道德观念，无不是从家到国，从个人到社会的扩展。这些道德观念构成一个完整的价值体系，在农村延续了几千年。总的来说，农村传统道德资源，有助于推进社会公德、职业道德、家庭美德、个人品德建设，也有利于推进诚信社会建设，强化农民的社会责任意识、规则意识、集体意识、主人翁意识。

七、建立健全乡风文明建设的长效机制

一是要建立健全组织领导机制。要建立市县主要领导主抓，宣

传部、文明办具体抓，相关部门合力推动的工作机制。

二是健全宣传发动机制。报纸、电台、电视台等传统媒体开辟专题专栏不间断宣传，市属网站、微博、微信等新媒体同步发声。

三是健全督查指导机制。采取集中培训、座谈讨论、经验交流、实地观摩等方式培训宣传干部、村干部和农牧民代表。通过电话、微信、QQ群及时了解工作进展，采取现场指导、下发工作提示等方式加强日常调度。

四是健全考评激励机制。各地应将乡风文明建设纳入各级政府部门考核系统，可以参考建立以季度督查、日常监管、年终考核为主要方式的考核评价体系，形成齐抓共管的局面。

八、农村移风易俗需要把握的基本原则

移风易俗要考虑公共需要，也要考虑农民群众的生活习惯和实际需要，有堵有疏。重点堵的是党员干部的不良风气，疏通的是老百姓的文明新风。一方面，要给党员干部划出“硬杠杠”，督查、曝光、约谈齐上阵，让他们不敢也不能违反文明新风。让党员干部带头示范，给农村群众树立好的榜样；另一方面，要对农民群众的情绪进行疏通，加强文明新风的宣传教育，晓之以理动之以情，并且可以考虑以行政村或者自然村为单位，成立红白理事会，加快公益性公墓建设，做好相关服务，解决农民群众的后顾之忧，让农民群众自觉自愿地参与到移风易俗行动中。

九、基层干部在乡风文明建设需要发挥的带头作用

“村看村，户看户，群众看干部。”在乡风文明建设中，基层干部要起到模范带头作用，一要带头搞好家风建设，践行淳朴友善、勤俭节约、邻里和睦、孝老爱亲的良好风尚；二要带头移风易俗，坚持丧事婚事简办，自觉抵制陈规陋习和不良风气；三要带头宣传发动群众，通过多种形式积极开展群众思想教育，在乡村大力培育社会主义核心价值观，组织群众性精神文化活动，发动群众参与文

明乡风建设；四要带头开展公益服务，比如环境卫生整治、交通志愿服务等，通过公益服务带动广大群众积极参与。

十、处理好挖掘本地资源与借助外来力量的关系

一方面，要深入挖掘乡村熟人社会蕴含的道德规范，结合时代要求进行创新，注重发挥农村党员、干部、新乡贤的示范带动作用，修订完善村规民约，建立红白理事会、道德评议团等群众性组织，开展乡风民风评议活动，引导农民自我管理、自我教育、自我服务、自我提高；另一方面，要强化外脑的引入，积极开展乡风文明志愿服务，吸引社会力量参与乡风文明建设，有条件的地方还可以邀请外地或者城市的文明模范交流研讨，将城市文明中好的、适合乡村的内容引进来。

十一、认识并发挥农民在乡风文明建设中的主体作用

农民是乡风文明建设的主体，主要体现在两个层次：一是农民是乡风文明建设的主要承载者和体现者。乡风文明不可能离开广大农村居民而存在，必须通过农民的生产经营、社会秩序、乡村文化、道德教育等体现出来。二是乡风文明建设主要依靠农民，农民在乡风文明建设中居于核心地位，发挥主要作用。外部引导和干预，只有通过农民内生动力才能起作用。

要发挥农民在乡风文明建设中的主体作用，一方面要充分调动农民参与乡风文明建设的积极性，鼓励农民以各种形式广泛参与到乡风文明建设进程中；另一方面，要建立乡风文明建设的内外联动机制，在引入外部政策干预时充分尊重农民生活意愿和生活习惯，把农民主体地位体现在全过程。

十二、农村文化建设中存在的商机

农村的一些山水文化要素，是乡村旅游发展的重要因素。在一些地区，传统乡村文化已经开始被设计包装为旅游商品，为当地农

民带来了可观的收入。例如，将传统民俗文化融入乡村旅游文化节，一些地方特色乡村曲艺走上旅游地的表演舞台等。总的来说，越是农村的，越是特色的，在城乡人民追求更加美好生活的过程中，农村传统文化越是蕴藏着无限商机。

第四节 治理有效

一、新时代乡村善治的内涵

新时代乡村善治的目标是构建自治、法治、德治相结合的乡村治理体系。自治是乡村治理体系的基础，我国实行村民自治制度，村民是乡村治理的重要主体，乡村自治做好了，就能充分激发广大农民的积极性；法治是乡村治理体系的保障，乡村治理必须实现法治化，自治只有在法律的框架下进行，才能有法可依、有条不紊；德治则是乡村治理的支撑，有利于提升自治与法治的效能，提高乡村治理的水平和质量。自治、法治、德治有机结合，相互衔接和补充，最终实现农村治理体系和治理能力现代化。在此过程中，要把党的领导放在建立健全现代乡村治理体系的首位。

二、正确看待村民参与村级自治积极性不高的问题

这是目前许多地方村民自治实践中遭遇的首要难题，也是乡村善治过程中必须正视的一个问题。村民参与村级自治积极性不高，受城镇化进程加速，农村青壮年劳动力大量进城务工，村庄老龄化、空心化影响较大，也与现实中一些村民自治组织缺乏经济基础和凝聚力有关。要想提高村民参与村级自治的积极性和主动性，需要有一定的经济基础作为支撑，这就要在公共财政上为村庄提供相应的治理资源，大力发展农村集体经济；要深入开展村民自治示范活动，树立典型；除此之外，还应大力发展农村文化教育，提高农民（包括村组干部）的文化素质和政治参与意识。

三、规避村级事务“村干部说了算”的问题

村级事务少数村干部“说了算”是乡村善治路上一个不小的障碍，具体表现在村级管理中不经村民代表会议讨论就少数人说了算，甚至在“三资”（资金、资产、资源）处置中暗箱操作以躲避监督等问题。之所以会发生这样的情况，与村级民主制度落实不到位，监督没有真正发挥作用有很大关系。首先，应加强对村级干部的监督管理和廉政教育，发现“一言堂”或者未经合法程序的决策行为必须加以纠正；其次，总结完善村级民主相关程序，逐渐形成一套符合本地实际的村级民主治理工作模式，从程序上保障村民享有知情权、参与权、决策权和监督权；最后，想方设法培育村民的主体意识和村级事务参与能力。

四、正确看待经济能人在村民自治中的影响

基于经济能人有事业基础，善于寻找发展路子，可以带领群众脱贫致富等方面的原因，这些年来能人治村在乡村已非常普遍。但是个别能人对党的路线方针政策了解不多，缺乏农村实际工作经验，以致出现村务工作简单化，重经济、轻党务，基层组织建设得不到加强等现象。也有个别经济能人上任后动机不纯，利用村支部支书的职权获取资源，加之在经济上对村民的影响，容易形成对村民其他权利的制约和侵犯，从而陷入“能人专制”怪圈。要想用好经济能人在乡村善治中的正面作用，必须导入有效的监督与约束机制，规范“能人”行为，确保农村经济事务和公共事务的决策权、管理权不要过分集中。

五、选出有利于村庄治理的好村干部

乡村振兴过程中，国家对“三农”的扶持力度将不断加大，村级基层组织所掌握的资源也将越来越多，如工程道路、水利建设、项目扶持、民政补助等，乡村贿选问题面临的形势将更加严峻。打

击乡村贿选，首先要加强打击力度，“发现一起，查处一起”，坚持从严从快、不留情、不手软；其次要在村级换届选举中，除了村民选举之外，还应加强上级组织部门的外部监督和调查，可以采取脱贫攻坚检查中记者暗访等方式，加强对村级选举的监督力度。

土地流转纠纷调解仲裁体系，及时公正处理各种矛盾纠纷，确保乡村发展在法治的轨道内顺利运行。

六、要打击村民身边的“微腐败”

村民身边的“微腐败”是指小微权力腐败，主要是针对村庄一级的腐败。包括漠视群众“高高在上”，克扣截留，套取资金，利用手中掌握的公共权力和公共资源捞取好处，等等。打击村民身边的微腐败应加强权力规范与监督。因此，要推行村级小微权力清单制度，加大基层小微权力腐败惩处力度。小微权力清单应包括村庄的重大事务决策、财务、宅基地调整、各种救济款、医保、招投标以及村庄的各种建设问题。清单运行应该有一个透明公开的程序。因此建立权力运行清单的同时，还应建立一套切实可行的监督体系，以确保这个清单体系能让村庄的运行规范。还应进一步加强对基层权力的巡查，可参考实行异地交叉巡查，以问题为导向，从中发现一些违规违纪或是顶风作案的行为。

七、处理法治与村规民约间的关系

村规民约简言之，是指一个村的“大规矩”，是农村干部群众根据有关法律法规政策，结合本村实际制定的涉及村风民俗、社会公共道德、公共秩序、治安管理等方面的综合性规定，并且对本村村民具有较强的约束性。一个村制定“村规民约”，要在法治的框架内进行，并走严格的程序。先由村民代表和党员提议，在村党支部和村委会讨论通过，再由村民代表和党员代表讨论通过。在有条件的地方，还需经过专业律师把关审核，绝不允许出现罚款、侵犯人身自由等违法违规的条款。需要特别注意的是，因为村委会没有行政执法权，所以不能在“村规民约”里设立“罚款、抓人、拘禁、抄家、捉猪羊、牵牛马、扒房子、扣押变卖村民的生产生活用具和物品、克扣低保和养老金”等违法条款。

八、村民自治中，上级党委政府或者组织监察部门发挥的作用

村民自治需要在法治的框架下进行，其良性运转离不开内外部的有效监督，上级党委政府以及组织监察部门应该扮演重要角色。例如，在村级换届选举中，除了要遵循基本的村民自治的程序和规则之外，还应加强上级党委政府以及组织监察部门监督检查，以防“贿选”或者以其他不法手段干预选举的行为发生。也可以在县级人大中设立信访监督委员会，赋予其依法调查处理村民自治中违法犯法问题的权力。可安排专职巡视员巡察村民自治的运行状况，配合村民监督委员会实施外部监督，制约村主任的权力。

九、在城乡结合部应完善乡村治理新局面

在乡村振兴大背景下，农村人口结构、社区公共事务将深入调整，利益主体、组织资源日趋多元，仅仅依靠村民自治原则处理村庄关系是远远不够的。人口流动的增多、外来资本的进入、产权关系的复杂化，都更加需要靠法治来规范和调节各类关系。除此之外还要以德化人，形成乡村经济社会发展的共识，从而使各类人群相互合作实现共赢发展。为此，需要在完善党组织领导的村民自治制度的基础上，进一步加强农村基层治理工作，根据农村社会结构的新变化，实现治理体系和治理能力的现代化。其中既要有开放包容的思维，不能排斥外来人口，也要有乡村主体意识，不能因为外来人口或者资本的进入而忽略了原村民。

十、乡村振兴过程中，正确应对涉及发展方面的法律问题

随着乡村开发的进一步加快，涉及土地的纠纷与矛盾将是农村的主要矛盾之一。如宅基地合作开发、承包地流转、拆迁补偿、村

级债务纠纷等，需进一步完善法律法规，加强对农村集体资产所有权、农户土地承包经营权和农民财产权的保护；加强乡村各级干部和农民群众的法律意识和市场意识，进一步明确涉及宅基地、承包地、集体建设用地等的权属问题；逐步建立民间协商、乡村调解、县级仲裁、司法保障的县（市）区、乡镇、村三级土地流转纠纷调解仲裁体系。

十一、发挥乡贤在乡村治理中的积极作用

乡贤是乡村发展的重要人才力量。其名声也许不出当地，但他们所倡导的与人为善、奋力拼搏等价值观却能教化一方，深深地影响着村民们的行为。乡村振兴过程中激发和弘扬乡贤文化，要深入挖掘当地乡贤资源，善于发现和塑造有见识、有担当、有威望又自愿扎根乡土的乡村能人来培育“新乡贤”。同时，还应出台鼓励发展乡贤文化的政策措施，完善乡贤回乡的配套政策，寻找和联系离开家乡但心系故土的本土精英，搭建好他们参与乡村建设和回乡创业的平台，让他们乐意回归故里。充分发挥好这些乡贤的财富、智慧和爱心，反哺桑梓、泽被乡里。可以参考成立新乡贤工作室，建立乡贤馆，建立乡、村、组多级乡贤工作体系等来激发弘扬乡贤文化。也可通过组建乡贤参事会、联谊会，利用“村支两委+乡贤会”的形式，充分发挥乡贤的带动作用，盘活乡贤资源。

十二、强化乡村振兴中的法治保障

在实施乡村振兴战略过程中，面临很多法治课题，既有关于土地制度等的重大法律问题和制度问题，也有很多关系老百姓切身利益的法律事务，必须强化法治保障，坚持法治为本，树立依法治理理念，强化法律在维护农民权益、规范市场运行、农业支持保护、生态环境治理、化解农村社会矛盾等方面的权威地位。要进一步增强基层干部法治观念，将政府涉农各项工作纳入法制化轨道。要深入推进综合行政执法改革向基层延伸，创新监管方式，推动执法队

伍整合、执法力量下沉，提高执法能力和水平。要建立健全乡村调解、县市仲裁、司法保障的农村土地承包经营纠纷调处机制。要加大农村普法力度，提高农民法治素养，引导广大农民增强尊法、学法、守法、用法意识。

十三、打击乡村黑恶势力

乡村黑恶势力有多种表现，包括乡村黑社会、“村霸”等。具体表现有：把持和操纵基层政权、侵吞农村集体财产；利用家族、宗族势力横行乡里，称霸一方，欺压普通群众；在征地、租地、拆迁、工程项目建设等过程中煽动闹事；在建筑工程、交通运输、矿产资源、渔业捕捞等行业和领域，强揽工程、恶意竞标、非法占地、滥开滥采；在商贸集市、批发市场、车站码头、旅游景区等场所欺行霸市、强买强卖、收取保护费等。相当一部分“村霸”本身就是村干部，直接影响了群众对党和政府形象的“最初观感”。2018 年 1 月，中共中央、国务院又发出了《关于开展扫黑除恶专项斗争的通知》，决定在全国范围内开展为期 3 年的扫黑除恶专项斗争。“村霸”产生有深刻的历史成因和社会土壤，因此，要真正做到“除恶务尽”，既要通过专项斗争进行“大扫除”，还要通过源头治理彻底铲除其滋生土壤。要加强和改善党的领导、加强乡村法治建设、提升乡村德治水平，确保乡村社会充满活力、和谐有序。

十四、应对“法不下乡”难题

农村是我国社会的基石，也是当前法治建设相对薄弱的领域。近年来，随着乡村开发的加速，一些地方非法征用农民土地、非法占有农民集体资产等问题时有发生，在土地流转过程中，也时常能看到公司与农户互相“撕毁合同”的情况，毁占耕地，破坏自然资源和生态的案件屡见报端，“法不下乡”成为农村法治的困局。没有农村的法治化，就不可能有乡村的全面振兴，要针对乡村振兴过程中农村社会结构、利益格局、组织体系、生活方式的新特点新变化，不断加强司法下乡力度。要以法治兜底，为农民利益、农村发展保驾护航。强化土地承包经营权物权保护，保障进城落户农民和农村妇女土地承包权益、农民宅基地用益物权和农村集体资产收益分配权，依法保护农民的合法权益。要深入开展农村法治宣传教育，增强基层干部运用法治思维和法治方式的工作能力，引导农民增强尊法、守法、用法的意识，努力形成办事依法、遇事找法、解决问题用法、化解矛盾靠法的法治氛围。

十五、平安乡村建设的着手点

平安乡村建设，事关农民群众安居乐业和乡村社会建设步伐，做好农村治安安全防范工作，努力实现发案少、秩序好、社会稳定至关重要。首先，要加强对乡村治安建设的投入力度，从人财物上向乡村倾斜；其次，要建立城乡一体的平安社区建设机制，加强治安防范网络建设。紧密结合辖区实际，将动态巡防、社区管控、热点整治工作齐头并进，建设党政联动、群众参与、邻里守望，人防、物防、技防、村组联防多元互动治安防控格局；再次，要抓宣传教育，提高群众的安全防范意识，镇、乡、村、社要充分利用会议、广播、报刊、板报、标语等宣传工具深入开展法制宣传教育；最后，在警力欠缺的情况下，大力发挥群众力量，组建义务巡逻队和治保会，使之成为新形势下平安乡村建设的重要力量。

第五节　生活富裕

一、乡村振兴，生活富裕是根本

乡村振兴的出发点和落脚点，是为了让亿万农民生活得更美好，要让农民群众有参与感、获得感、幸福感。要坚持人人尽责、人人享有，按照抓重点、补短板、强弱项的要求，千方百计拓宽农民增收渠道，鼓励农民勤劳守法致富，增加农村低收入者收入，扩大农村中等收入群体，保持农村居民收入增速快于城镇居民。优先发展农村教育事业，促进农村劳动力转移就业，推动农村基础设施提挡升级，加强农村社会保障体系建设，推进健康乡村建设，持续改善农村人居环境。

二、乡村振兴必须走共同富裕之路

“勤为政者，贵在养民；善治国者，必先富民。”而对于农民占人口比例大头的中国来说，“富民”的重头和大头自然是“富农民”。小康不小康，关键看老乡。可以说，如果农民没有小康，我们的小康就是拖着“短腿”的小康、低水平的小康、被平均数掩盖的小康；如果农民没有富裕，我们的富裕必然也是脆弱的富裕、不平衡的富裕、不可持续的富裕。

三、推进城乡公共服务一体化

平等享有公共服务，是农民的基本权利，也是乡村振兴的重要标志。应按照“完善制度、提高水平、逐步并轨”的总体原则，加快完善农村社会保障制度。加快推进城乡居民养老保险全覆盖，完善农村低保制度。加快完善城乡统一的基本医疗保险和大病保险制度。加快发展农村教育事业，统筹配置城乡师资，吸引更多优秀教师到农村任教。加强农村公共文化建设，推动公共文化资源向农村倾斜，提供更多农民喜闻乐见的文化产品和服务。

四、发展农村教育事业

必须把农村教育事业放在优先发展的位置。要高度重视发展农村义务教育，推动建立以城带乡、整体推进、城乡一体、均衡发展的义务教育发展机制。全面改善薄弱学校基本办学条件，加强寄宿制学校建设。实施农村义务教育学生营养改善计划。发展农村学前教育。推进农村普及高中阶段教育，支持教育基础薄弱县普通高中建设，加强职业教育。健全农村学生资助制度，使绝大多数农村新增劳动力接受高中阶段教育，更多接受高等教育。把农村有需要的人群纳入特殊教育体系。推动优质学校辐射农村薄弱学校常态化。统筹配置城乡师资，并向乡村倾斜，建好建强乡村教师队伍。

五、推进健康乡村建设

强化农村公共卫生服务，加强慢性病综合防控，大力推进农村地区精神卫生、职业病和重大传染病防治。完善基本公共卫生服务项目补助政策，加强基层医疗卫生服务体系建设，支持乡镇卫生院和村卫生室改善条件。加强乡村中医药服务。开展和规范家庭医生签约服务，加强妇幼、老人、残疾人等重点人群健康服务。倡导优生优育。深入开展乡村爱国卫生运动。

六、推进农村社会保障体系建设

完善统一的城乡居民基本医疗保险制度和大病保险制度，做好农民重特大疾病救助工作。巩固城乡居民医保全国异地就医联网直接结算。完善城乡居民基本养老保险制度，建立城乡居民基本养老保险待遇确定和基础养老金标准正常调整机制。

统筹城乡社会救助体系，完善最低生活保障制度，做好农村社会救助兜底工作。将进城落户农业转移人口全部纳入城镇住房保障体系。构建多层次农村养老保障体系，创新多元化照料服务模式。健全农村留守儿童和妇女、老年人以及困境儿童关爱服务体系。加强和改善农村残疾人服务。

七、实现生活富裕要坚持人人尽责、人人享有的要求

人人尽责、人人享有，是实现生活富裕的要求。

人人尽责体现在过程中，要求每个人都必须出力。实现生活富裕不是包办富裕，幸福生活是奋斗出来的。实现生活富裕要坚持人人尽责，因为实现生活富裕是关系每个人的复杂工程，需要调动每个人的生产积极性，在这个过程中必须鼓励并引导每个人发挥自己

的聪明才智和劳动付出。如果个人不努力，帮扶终难奏效。

人人享有体现在结果上，实现生活富裕一个都不能少。这是全面建成小康社会的题中之义，也体现了我国社会主义的性质和根本宗旨。乡村的全面振兴体现在生活富裕上，必须落实到每个人身上。如果还有人不能享有生活富裕的福利，就不能算实现了乡村振兴。

八、认识“四驾马车”在拉动农民增收上的作用

农民收入构成有“四驾马车”，包括经营性收入、工资性收入、财产性收入、转移性收入四部分。促进农民增收，必须在这“四驾马车”上下功夫。在这“四驾马车”中，经营性收入和工资性收入占大头，是主要构成部分，是未来推进农民增收的主要来源。尽管财产性收入和转移性收入占比相对较小，但是增速较快，也是农民增收的重要动力。

新形势下，农民增收的这“四架马车”都在发生一些新变化。推动农民增收，要精准把握农民收入的结构性变化和各自特征，有针对性地采取措施。例如，农民种地经营性收入下降，就要大力发展高质量、高效益农业，推进一二三产业融合，加强对农村新产业新业态的支持等。而财产性收入和转移性收入增长较快，潜力较大，则要进一步加大农村改革步伐，把改革红利落到实处，充分保障并有效实现农民的财产权。

九、挖掘新产业、新业态在农民增收上的潜力

培育农民增收新动能，最大的潜力和希望在大力发展农村新产业、新业态和支持农村各种形式的创业。在用地保障方面，要完善新增建设用地保障机制，将年度新增建设用地计划指标确定一定比例用于支持农村新产业、新业态发展。允许村庄整治、宅基地整理等节约下来的部分建设用地，通过入股、联营等方式重点支持乡村休闲旅游养老等产业和农村三产融合发展。在鼓励各类人才回乡下乡创业创新方面，要整合落实支持农村创业创新的市场准入、财政

税收、金融服务、用地用电、创业培训、社会保障等方面优惠政策。鼓励各地建立返乡创业园、创业孵化基地、创客服务平台，开设开放式服务窗口，提供“一站式”服务。

十、推动农民工资性收入增长

首先，要加强农民工培育，完善城乡劳动者平等就业制度，实现同工同酬和城乡居民公共就业服务均等化。其次，要支持农民创业创新，推进农村一二三产业融合发展，大力发展农产品加工、休闲农业和乡村旅游、农村服务业等劳动密集型产业项目，实现更多农民家门口就业。实施农民工等人员返乡创业培训五年行动计划，支持返乡创业园、返乡创业孵化园（基地）、信息服务平台、实训基地和乡村旅游创客示范基地建设。此外，鼓励和规范工商资本投资农业农村，建立健全产业链利益联结机制，引导龙头企业创办或入股合作组织，支持农民合作社入股或兴办龙头企业，鼓励大型粮油加工企业与种粮农户以供应链融资等方式结成更紧密的利益共同体。

十一、向“接二连三”要效益

农业的“接二连三”，既可以实现产业融合互动，也可以使一二产业或一三产业联动，让传统农业“老树发新芽”。鼓励各地充分挖掘农业和本地文化、旅游等资源的功能互补，推进农业与旅游、教育、文化、健康养老、乡村手工艺等产业深度融合，使休闲农业和乡村旅游成为繁荣乡村、富裕农民的新兴支柱产业。开发农业多种功能，已经成为当前各地促进农业发展方式转变的重要一环。例如，在城镇郊区发展观光农业、都市农业；在主要农区，发展设施农业，建立农产品加工基地。在产业融合的过程中，还要融入新思维，特别是要搭上“互联网+”快车，推动农业与二三产业融合。

十二、提高农民职业技能培训的着力点

加强对农村劳动力的职业技能培训是提高农民就业能力、增强

我国产业竞争力的一项重要的基础性工作。首先，农村劳动力职业技能培训，要根据市场和企业的需求，按照不同行业、不同工种对从业人员基本技能的要求，安排培训内容，实行定向培训，提高培训的针对性和适用性。其次，要调动社会各方面参与农民职业技能培训的积极性，鼓励各类教育培训机构、用人单位开展对农民的职业技能培训。最后，各级财政都要安排专门用于农民职业技能培训的资金。为提高培训资金的使用效率和培训效果，应由农民自主选择培训机构、培训内容和培训时间，政府对接受培训的农民给予一定的补贴和资助。要防止和纠正各种强制农民参加有偿培训和职业资格鉴定的错误做法。

十三、弥合城乡数字鸿沟需要着重的问题

第一，不断完善政府职能和信息法规。缩小数字鸿沟是一项跨部门、跨行业和多种业务技术综合集成的庞大系统工程，其核心工作在于加快农村信息化建设，政府在界定计划与市场边界的基础上，引导农村信息化健康、有序地发展，是非常关键的。第二，继续推进信息基础设施建设。信息基础设施是信息传播的载体，通过城乡一体化的信息网络，分散在农村的农民才可以实现各种信息资源的同步实时共享，因此包括基础网络以及网络接入条件、上网设备、上网场所等基础设施的建设是弥合城乡数字鸿沟的前提条件。第三，加大信息资源建设与整合力度。第四，加强信息技术服务与应用推广工作。农民属于典型的风险规避者，对于新鲜事物的功效，更注重“眼见为实”和“口口相传”，当他们从自己身边、近处看到信息化产品带来的经济收益，且易学好用，花费也不高时，购买欲才会被激发。第五，全面提升农民的信息素养。只有全面提升农民的信息素养，他们才会主动去学、去用、去推广互联网。

第六节 脱贫攻坚

把打好精准脱贫攻坚战作为实施乡村振兴战略的优先任务，推动脱贫攻坚与乡村振兴有机结合相互促进，确保到2020年我国现行标准下农村贫困人口实现脱贫，贫困县全部摘帽，解决区域性整体贫困。

一、深入实施精准扶贫精准脱贫

健全精准扶贫精准脱贫工作机制，夯实精准扶贫精准脱贫基础性工作。因地制宜、因户施策，探索多渠道、多样化的精准扶贫精准脱贫路径，提高扶贫措施针对性和有效性。做好东西部扶贫协作和对口支援工作，着力推动县与县精准对接，推进东部产业向西部梯度转移，加大产业扶贫工作力度。加强和改进定点扶贫工作，健全驻村帮扶机制，落实扶贫责任。加大金融扶贫力度。健全社会力量参与机制，引导激励社会各界更加关注、支持和参与脱贫攻坚。

二、重点攻克深度贫困

实施深度贫困地区脱贫攻坚行动方案。以解决突出制约问题为重点，以重大扶贫工程和到村到户到人帮扶为抓手，加大政策倾斜和扶贫资金整合力度，着力改善深度贫困地区发展条件，增强贫困农户发展能力。推动新增脱贫攻坚资金、新增脱贫攻坚项目、新增脱贫攻坚举措主要用于“三区三州”等深度贫困地区。推进贫困村基础设施和公共服务设施建设，培育壮大集体经济，确保深度贫困地区和贫困群众同全国人民一道进入全面小康社会。

三、巩固脱贫攻坚成果

加快建立健全缓解相对贫困的政策体系和工作机制，持续改善欠发达地区和其他地区相对贫困人口的发展条件，完善公共服务体系，增强脱贫地区“造血”功能。结合实施乡村振兴战略，压茬推进实施生态宜居搬迁等工程，巩固易地扶贫搬迁成果。注重扶志扶智，引导贫困群众克服“等靠要”思想，逐步消除精神贫困。建立正向激励机制，将帮扶政策措施与贫困群众参与挂钩，培育提升贫困群众发展生产和务工经商的基本能力。加强宣传引导，讲好中国脱贫故事。认真总结脱贫攻坚经验，研究建立促进群众稳定脱贫和防范返贫的长效机制，探索统筹解决城乡贫困的政策措施，确保贫困群众稳定脱贫。

第七节　制度保障

一、实施乡村振兴战略，要把制度建设贯穿其中

俗话说，“没有规矩不成方圆”，实施乡村振兴战略是无数个复杂图景组成的国家大图画，更需要推进体制机制创新，强化乡村振兴制度性供给。随着改革发展的推进，农业农村面临很多改革课题，有很多复杂的情况必须通过制度建设来解决。通过制度建设更好贯彻执行各项方针政策，通过制度建设把实践中行之有效的做法固定下来。实践中实施乡村振兴战略，面临很多改革和制度建设课题。在实施乡村振兴战略的过程中，要不断强化制度建设，以制度化、机制化的形式更好地完成各项任务，防止乡村振兴战略跑偏。

二、改善党对农村工作领导的体制机制

2019 年中央一号文件对改善党的农村工作领导体制机制作出具体部署。新形势下改善党对农村工作领导的体制机制，主要包括以下内容。

一是健全党委统一领导、政府负责、党委农村工作部门统筹协

调的农村工作领导体制。

二是建立实施乡村振兴战略领导责任制，实行中央统筹省负总责市县抓落实的工作机制。党政一把手是第一责任人，五级书记抓乡村振兴。县委书记要下大气力抓好“三农”工作，当好乡村振兴“一线总指挥”。

三是要求加强各级党委农村工作部门建设，按照《中国共产党工作机关条例（试行）》有关规定，做好党的农村工作机构设置和人员配置工作，充分发挥决策参谋、统筹协调、政策指导、推动落实、督导检查等职能。

四是建立乡村振兴战略进展情况年度报告制度和考核制度，各省向中央报告，并对市县党政领导班子和领导干部实绩考核。

三、要研究制定党的农村工作条例

党的十九大和2019年中央一号文件以及即将制定的乡村振兴规划对农业农村长远发展作出全面部署，新时代“三农”工作也有很多新形势、新任务、新要求，要把乡村振兴战略实施好，必须把党对“三农”工作的领导落实到制度和体制机制上。制定中国共产党农村工作条例，就是把党领导农村工作的传统、要求、政策等以党内法规形式确定下来，明确加强对农村工作领导的指导思想、原则要求、工作范围和对象、主要任务、机构职责、队伍建设等，完善领导体制和工作机制，确保乡村振兴战略有效实施。

四、各级党委和政府应落实农业农村优先发展

农业农村工作纷繁复杂，涉及主体众多，利益交织冲突，在各个方面都要坚持农业农村优先发展，这是做好农村工作的基本原则。坚持农业农村优先发展，要求各级党委和政府坚持工业农业一起抓、城市农村一起抓，把农业农村优先发展原则体现到各个方面。首先体现在领导干部的重视程度上，要真正花时间思考、调研、部署、协调“三农”工作；其次体现在对“三农”工作的投入程度上，公

共财政、项目资金、金融服务都要切实体现对“三农”工作的倾斜支持；再次体现在是否重视乡村干部队伍能力建设上，加大对农村工作的人才支持力度，选派、培育更多懂农业、爱农村、爱农民的干部队伍到农村一线工作。

五、提高乡村干部队伍能力

2019 年中央一号文件明确提出“三农”工作队伍要“懂农业、爱农村、爱农民”，这是中央对“三农”工作队伍的基本要求，但是对没有达到要求的干部来说，不会自然而然地变成合格干部，必须通过有效措施提高干部队伍能力。提高干部队伍能力首先要提高领导干部水平，各级领导干部要通过理论学习、政策学习、实践学习，向群众学习，真正成长为“三农”事业的行家里手。其次要开展“三农”干部的培训计划，全面提升干部队伍能力，培训在内容上要瞄准群众和干部需求，同时要创新形式，加大实践培训和干部交流力度。最后要把农村一线作为锻炼培养干部的重要平台，鼓励农村干部队伍在“游泳中学会游泳”，在“战斗中学会打仗”，不断在实践中成长。

六、吸引优秀人才向基层一线流动

实施乡村振兴战略，人才是关键。没有人，乡村振兴就无从谈起。吸引更多优秀人才，要坚持注重培养本地人才和引进外来人才相结合。一方面，要大力培育新型职业农民，全面建立职业农民制度，完善配套政策体系。实施新型职业农民培育工程。支持新型职业农民通过弹性学制参加中高等农业职业教育。鼓励各地开展职业农民职称评定试点。另一方面，要“筑巢引凤”，为优秀外来人才回乡返乡创业创新创造良好环境，鼓励社会各界投身乡村建设，重点吸引支持大学生、转业军人、企业家、党政干部、专家学者、医生教师、规划师、建筑师、律师、技能人才等，回乡干事创业。为外来人才参与乡村振兴提供金融服务、配套设施建设、税费减免、用地等方面的扶持政策。

七、县委书记是乡村振兴“一线总指挥”

乡村振兴战略实施“中央统筹省负总责市县抓落实”的管理机制，县委书记是“一线总指挥”。县级政府在我们党的组织结构和国家政权结构中具有特殊地位，党中央各项政策的执行都需要县一级党委政府具体操作落实，具有承上启下的重要作用。对广大农村来说，省委书记、市委书记太远，跑不到各个农村，乡村党委书记在更好理解和贯彻执行中央政策上存在短板。县委书记距离政策和实践的距离刚刚好，实施乡村振兴战略过程中，县委是“一线指挥部”，县委书记就是“一线总指挥”。

八、农业转移人口落户城市的基本政策

国家鼓励各地区进一步放宽落户条件，除极少数超大城市外，允许农业转移人口在就业地落户，优先解决农村学生升学和参军进入城镇的人口、在城镇就业居住5年以上和举家迁徙的农业转移人口以及新生代农民工落户问题，全面放开对高校毕业生、技术工人、职业院校毕业生、留学归国人员的落户限制，加快制定公开透明的落户标准和切实可行的落户目标。除超大城市和特大城市外，其他城市不得采取要求购买房屋、投资纳税、积分制等方式设置落户限制。超大城市和特大城市将区分主城区、郊区、新区等区域，分类制定落户政策，建立完善积分落户制度，重点解决符合条件的普通劳动者的落户问题。全面实行居住证制度，推进居住证制度覆盖全部未落户城镇常住人口，保障居住证持有人在居住地享有教育、就业、公共卫生、计划生育、文化、法律等一系列服务。

九、理解农村集体产权制度改革和农民增收的关系

农村集体产权制度改革是维护农民合法权益、增加农民财产性

收入的重大举措。农村集体资产是农村集体经济组织成员的主要财产，是农业农村发展的重要物质基础。适应城乡融合发展新趋势，分类推进农村集体产权制度改革，在抓好集体土地等资源性资产确权登记颁证，建立健全集体公益设施等非经营性资产统一运行管护机制的基础上，针对一些地方集体经营性资产归属不明、经营收益不清、分配不公开、成员的集体收益分配权缺乏保障等突出问题，着力推进经营性资产确权到户和股份合作制改革，对于切实维护农民合法权益，增加农民财产性收入，让广大农民分享改革发展成果具有重大现实意义。

十、深化农村集体产权制度改革，应更好地维护农民利益

一方面，发挥农民主体作用，确保农民知情权、参与权、表达权、监督权，把选择权交给农民，真正让农民成为改革的参与者和受益者。另一方面，依据有关法律法规，按照尊重历史、兼顾现实、程序规范、群众认可的原则，做好农村集体经济组织成员身份确认工作。健全集体收益分配制度，明确公积金、公益金提取比例，把农民集体资产股份收益分配权落到实处。

十一、农村集体成员身份认定需要把握的原则

确认农村集体经济组织成员身份，要依据有关法律法规，按照尊重历史、兼顾现实、程序规范、群众认可的原则，统筹考虑户籍关系、农村土地承包关系、对集体积累的贡献等因素，协调平衡各方利益，解决成员边界不清的问题。要探索在群众民主协商基础上确认农村集体经济组织成员的具体程序、标准和管理办法，建立健全农村集体经济组织成员登记备案机制。成员身份的确认既要得到多数人认可，又要防止多数人侵犯少数人权益，切实保护妇女合法权益。提倡农村集体经济组织成员家庭今后的新增人口，通过分享家庭内拥有的集体资产权益的办法，按章程获得集体资产份额和集

体成员身份。

十二、农村土地规划调整跟农民的关系

土地规划调整关系农村长远发展，关系农民切身利益。2019 年中央一号文件对土地规划调整作出了具体部署。明确允许县级政府通过村土地利用规划，调整优化村庄用地布局，有效利用农村零星分散的存量建设用地，这意味着农村集体建设用地的增值利用，有望转换成集体经济或农民的财产性收入。文件还明确指出，预留部分规划建设用地指标用于单独选址的农业设施和休闲旅游设施等建设；对利用收储农村闲置建设用地发展农村新产业、新业态的，给予新增建设用地指标奖励。这些政策有利于农民围绕土地资源更好开展创业，也有利于农村土地资源升值。

十三、农民进城后，承包土地的处理

《关于完善农村土地所有权承包权经营权分置办法的意见》明确提出："不得违法调整农户承包地，不得以退出土地承包权作为农民进城落户的条件。"进城农民可以通过土地经营权流转，获得租金，增加财产性收入；也可以通过土地股份合作、土地托管、代耕代种等多种经营方式，提高土地收益。在土地承包权有偿退出机制试点地区，可以退出土地承包权，但要依据依法自愿的原则，并获得合理补偿。

十四、政策允许范围内的盘活宅基地资源的途径

允许通过村庄整治、宅基地整理等节约的建设用地，采取入股、联营等方式，重点支持乡村休闲旅游养老等产业和农村三产融合发展。当前，各地在改革试点中可以重点结合发展乡村旅游、返乡人员创新创业等先行先试。在这方面，我国一些改革试验区已经开始了相关探索。例如，云南大理、浙江德清等试点地区支持农户或集

体组织以出租、合作开发等方式，利用闲置农房和宅基地参与乡村休闲旅游产业发展，既不丧失农户房屋所有权和宅基地使用权，又能发挥市场配置资源的作用。

十五、农村宅基地“三权分置”改革

当前，很多地方的农村宅基地大量闲置，如果任其破败是一个大问题，但如果利用起来就是一笔大资源。2019 年中央一号文件明确提出，扎实推进房地一体的农村集体建设用地和宅基地使用权确权登记颁证。完善农民闲置宅基地和闲置农房政策，探索宅基地所有权、资格权、使用权“三权分置”，落实宅基地集体所有权，保障宅基地农户资格权和农民房屋财产权，适度放活宅基地和农民房屋使用权。

十六、宅基地“三权分置”和农用地“三权分置”的异同

宅基地“三权分置”改革，出发点跟农用地的“三权分置”改革不一样。农用地“三权分置”改革的出发点是为了促进农用地经营权的流转和集中，发展多种形式的农业适度规模经营。宅基地“三权分置”改革的出发点不是为了促进宅基地使用权“买卖起来”，促进宅基地流转和集中，而是为了让闲置宅基地和闲置农房能够“用起来”，得到有效利用。按照现行的法律和政策，农村的宅基地使用权是不能流转的，很多农民进城务工甚至迁出后，农村就会有很多空心屋、农房闲置在那里，得不到利用。

十七、农村宅基地改革要注意的问题

宅基地制度改革“必须坚守土地公有制性质不改变、耕地红线不突破、农民利益不受损的三条底线”。要明确，宅基地改革不是让城里人到农村买房置地。改革的根本目的是要推进农业农村经济发

展，其核心是通过赋予农民更充分且有保障的土地财产权利，促进农民收入增长和生产居住环境的改善，这是衡量和检验改革成功与否的主要标准。农村宅基地改革，不得违规违法买卖宅基地，严格实行土地用途管制，严格禁止下乡利用农村宅基地建设别墅大院和私人会馆。

第四章　夯实农业生产能力基础

党中央、国务院高度重视农业生产能力建设，历年中央一号文件都作出具体部署。近年来，各地和有关部门认真贯彻落实中央要求，持续加强农业物质技术装备建设，不断创新政策举措，有力提升了我国农业综合生产能力，夯实了谷物基本自给、口粮绝对安全的战略基础，为经济发展、社会稳定、国家安全提供了重要支撑。2019 年中央一号文件进一步要求，夯实农业生产能力基础，深入实施“藏粮于地、藏粮于技”战略，严守耕地红线，确保国家粮食安全，为进一步加强农业生产能力建设指明了方向。

第一节　我国农业生产能力基本实现了历史性跨越

“民为国基，谷为民命”，解决好 13 亿人的吃饭问题，始终是治国理政的头等大事。党中央始终将确保国家粮食安全和主要农产品供给作为现代农业建设的首要任务，将提升农业综合生产能力作为战略举措，2003 年以来先后实施了优质粮食产业工程、新增千亿斤粮食生产能力规划、种养业良种工程、动植物保护工程、农机购置补贴等一系列重大举措，推进农田标准化、水利化，农业科技化、设施化、机械化，有效改善了农业生产条件。到 2012 年，粮食产量跃升到 5 896亿千克，比 2003 年增长 1 589亿千克，从根本上缓解了供求紧张的状况。

党的“十八大”以来，以习近平同志为核心的党中央从战略和全局的高度，对加强农业生产能力建设作出新部署。习近平总书记指出，保障粮食安全，关键是保生产能力，必须守住耕地红线，把高标准农田建设好，把农田水利搞上去，把现代农业、农业机械等技术装备水平提上来，确保需要时能产得出、供得上。2013 年，启动实施国家粮食安全新战略，确立了以我为主、立足国内、确保产能、适度进口、科技支撑的发展方针，确定了谷物基本自给、口粮绝对安全的发展底线。在新战略的指引下，农业投入持续增加，农业生产能力基础不断巩固。截至 2017 年，我国农田有效灌溉面积占比、农业科技进步贡献率、主要农作物耕种收综合机械化率分别达到 54%、57%和 66%，主要农作物良种基本实现全覆盖，农业生产能力实现了从低水平到中等水平的历史性跨越；粮食产量连续五年稳定在 6 000亿千克以上，农产品供求关系实现了从总量基本平衡到阶段性供过于求的历史性转变。

尽管近年来农业生产能力建设取得了巨大成就，但也要清醒地认识到，我国农业生产能力基础依然薄弱，突出表现在三个方面。一是耕地质量保护和提升任务艰巨。在工业化城镇化快速推进的背景下，耕地数量不断减少，耕地质量问题仍然突出，全国耕地一半以上为中低产田，特别是东北黑土地退化严重；农田水利总体水平和发展质量仍然不高，发展不平衡、不充分问题突出；粮食生产功能区和重要农产品生产保护区“两区”建设刚刚起步，高标准农田建设与中央到 2020 年力争建成 10 亿亩（1 亩≈667m^2，全书同）的要求还有较大差距。二是重点领域的农业机械化亟待突破。我国能生产的农机产品仅为世界农机种类的一半，中高端产品不多，机具的可靠性、适用性有待提升；农机农艺融合不够，尚未建成集成配套的全程机械化技术体系；棉油糖果菜茶等经济作物、畜牧业、农产品初加工、设施农业和丘陵山区的综合机械化水平较低，对产业竞争力的制约日益突出。三是科技进步的支撑作用有待增强。蔬菜等经济作物育种、畜禽良种繁育、农兽药研发等重要领域技术水平与发达国家相比还有较大差距，部分优良品种和核心种源还依赖进口；科技进步贡献率和科研成果转化率分别比发达国家约低 20 个和

30 个百分点。改善农业生产条件、推进农业机械化发展、提高科技创新能力任务依然十分繁重，迫切需要进一步加强农业生产能力建设，为农业农村现代化和高质量发展提供坚实支撑。

第二节　以“三区”为载体夯实农业生产能力基础

2017 年和 2019 年中央一号文件均要求划定并建设好粮食生产功能区、重要农产品生产保护区和特色农产品优势区。这是深入实施“藏粮于地、藏粮于技”战略的重大举措，是新时期调整优化农业生产力布局、推动生产要素向优势区集中、守住重要农产品供给底线的战略安排。

建设粮食生产功能区和重要农产品生产保护区，夯实农产品供给基础。党中央、国务院要求划定粮食生产功能区 9 亿亩（15 亩 = 1 公顷。全书同）、重要农产品生产保护区 2.38 亿亩，并以县为基础精准落地。粮食生产功能区承载了 80% 的谷物用地面积、90% 以上的谷物自给率，重要农产品保护区承载了 76% 的大豆、油菜籽、棉花、糖蔗用地面积以及油棉糖 70% 的自给率。“两区”稳，粮食等重要农产品供给稳；“两区”兴，粮食等重要农产品产业兴。建设“两区”，重在集中连片建设旱涝保收、稳产高产、生态友好的高标准农田，完善大中型骨干水利工程和小型农田水利设施，大力发展节水灌溉，夯实物质技术装备基础。

建设特色农产品优势区，夯实农业竞争力提升基础。我国特色粮经作物、园艺产品、畜产品、水产品、林特产品资源丰富、产业基础好，各类特色农产品产值达到 5 万亿元，占据我国农业的“半壁江山”。大中城市郊区、西部地区、丘陵山区、贫困地区特色农产品覆盖率普遍在 90% 以上，农民来自特色优势农产品的收入达到 60% 以上。我国农业竞争力主要体现在特色优势农产品上。2016 年，尽管我国农产品贸易逆差达 2 500亿元，但特色农产品却实现了较大顺差，其中蔬菜 920 亿元、水产品 730 亿元、水果 85 亿元、茶叶 98

亿元。特色农产品优势区发展质量高，国内农产品供给就优、农业国际竞争力就强、农民收入就有保障。推进特色农产品优势区建设，重在建设标准化生产基地、农产品加工基地、仓储物流基地和科技支撑体系，完善标准化田块、田间道路、排灌渠系、电力配套等基础设施，以及温室大棚、集约化育苗、田头预冷等生产设施。

第三节　大力实施农业生产能力建设重大工程行动

2019年中央一号文件部署了高标准农田、农田水利、科技创新、现代种业、农业机械化、智慧农业等农业生产能力建设重大工程。这是实施“藏粮于地、藏粮于技”战略和质量兴农战略的重要举措，是建设“三区”的具体抓手。

一、实施高标准农田建设工程

2013年，国务院批复《全国高标准农田建设总体规划》；2017年，国家发展改革委、农业部等七部门联合印发《关于扎实推进高标准农田建设的意见》，要求到2020年确保建成8亿亩、力争建成10亿亩高标准农田，其中2018年拟建成8 000万亩。统筹推进规划实施，整合新增粮食产能、农业综合开发、土地整治、农田水利等建设资金，集中支持“三区”建设，集中连片、整体推进，加强建管、确保成效。

二、实施农田水利建设工程

重点是加快大中型灌区续建配套和节水改造，实施灌区现代化改造，在水土条件允许的地区建设一批灌区工程，全面开展小型农田水利设施达标提质，推进灌溉信息化和智能化，持之以恒地开展冬春水利兴修，逐步完善大中小微并举、蓄引提排结合、管理现代高效的农田水利网络。2020年前基本完成大型灌区、重点中型灌区续建配套与节水改造任务，大型灌区和重点中型灌区农业灌溉用水计量率达到70%以上，到2022年再新增耕地灌溉面积3 000万亩。

三、实施国家农业节水行动

重点是推进农业节水技术、发展节水灌溉，提高农业用水效率。加强农业用水总量管控，以水定地、以水定产，因水制宜、量水而行，优化农业布局和种植结构，严控水资源过度开发和地下水超采地区用水规模。建设一批重大高效节水灌溉工程，推广喷灌、滴灌、微灌和管道输水灌溉等高效节水灌溉技术，注重节水灌溉技术与农艺、农机、生物、管理等措施的集成与融合，积极推进水肥一体化。到2022年，全国高效节水灌溉工程面积达到4亿亩，农田灌溉水有效利用系数提高到0.56以上。

四、建设国家农业科技创新体系

建设以科研院所和高等院校为主体的农业知识创新体系，深化农业科研体制改革，建立现代院所管理制度，支持改善重点实验室设施设备条件，建设科学观测实验站，在基础研究和战略高技术领域培育一批具有国际一流水平的研究院所和研究型大学，强化战略科技力量。建设以企业和产业为主体的技术创新体系，激励和引导农业企业成为研究开发投入的主体、技术创新活动的主体和科技成果应用的主体，加大国家科技计划对企业技术创新的支持，建设一批现代农业产业科技创新基地。建设以公益性机构为主体的农业技术推广体系，推进基层农技推广体系改革创新，探索公益性推广机构与经营性服务组织融合发展机制。

五、实施现代种业提升工程

以保障农业供种安全和加快现代种业发展为中心任务，着力提高种质资源保护、育种创新、品种测试、良种繁育能力。建设一批国家种质资源保存库（圃）、农业野生植物原生境保护区，保护种质资源。建设一批以育种为核心，实现种质资源保护、良种繁育、新品种推广一体化的育种创新项目，培育具有国际竞争力的民族种业企业。建设一批农作物品种测试站、畜禽品种性能测定站、种子检测中心。建设一批区域性良种繁育基地，保障良种供应。

六、实施农机装备产业转型升级和全程农业机械化推进行动

加快补齐农机装备制造、技术推广、作业服务、人才培养等短板，推进农机装备产业向高质量发展转型，促进农业机械化向全程、全面、高质、高效发展。完善以企业为主体、市场为导向的农机装备创新体系，支持农机装备产业链上下游企业协同攻克基础材料、基础工艺、电子信息和软件互联网等“卡脖子”问题，鼓励大型企业由单机制造为主向成套装备集成为主转变，支持中小企业向“专、精、特、新”方向发展。着力提升双季稻地区的水稻机械化种植、长江中下游地区的油菜机械化种植收获和马铃薯、花生、棉花主产区的机械化采收水平，加强绿色高效新机具新技术的示范推广。到2020年，农机装备产业科技创新能力得到较大提升，主要经济作物薄弱环节“无机可用”的问题得到基本解决。

七、实施数字乡村战略和数字农业发展规划

把实施数字乡村战略和发展数字农业作为农业现代化的前沿领域和建设数字中国的优先领域，着力强化关键技术创新和重大基础建设，突破数据采集、开发、应用关键制约。促进数字技术与现代农业产业体系、生产体系、经营体系、管理体系融合发展，建设数字田园、数字农情，发展智慧养殖、数字交易、智能农机，建设农业专属卫星星座，建立健全大数据支撑农业管理决策的体制机制，推进农业产业数字化和数字产业化，助力农业发展质量变革、效率变革和动力变革。

第五章 实施质量兴农战略

党的十九大作出了推进高质量发展的决策部署。2019年中央一号文件明确提出实施质量兴农战略，要求制定和实施国家质量兴农战略规划，深入推进农业绿色化、优质化、特色化、品牌化，推动农业由增产导向转向提质导向。这是党中央、国务院作出的重大部署，对于推进农业转型升级、加快建设现代化农业强国具有重大意义。

第一节 我国农业已由高速增长阶段转向高质量发展阶段

习近平总书记指出，我国农业农村发展已进入新的历史阶段，农业的主要矛盾由总量不足转变为结构性矛盾，突出表现为结构性供过于求和供给不足并存。这是针对农业农村发展的新情况、新变化、新特征作出的科学判断，可以从以下两个方面来理解。

一方面，我国农业发展速度已呈放缓趋势。过去较长时间，我国农业发展一直保持较高的增长速度。2004—2014年，农业增加值年均实际增长速度（剔除物价因素）达到4.5%，是世界上增速最快的国家之一。但近年来，随着宏观经济发展进入新常态，农业增加值增速也出现放缓趋势，2015年下降到3.9%，2016年为3.3%。其根本原因，是农业发展的“三驾马车”——农产品消费、农业投资、农产品出口——增速呈明显下降趋势，难以支撑农业的高速发展。适应农业发展形势的深刻变化，农业农村经济工作必须建立新导向、确立新方向。

另一方面，农业高质量发展的要求日益迫切。当前，随着内外环境发生深刻变化，迫切需要农业发展加快转变方式、提升质量。具体来说，一是缓解农业资源环境压力的需要。近年来，我国农业发展方式转变取得了长足进步，化肥农药实现了零增长，但仍存在过多使用化肥、农药、地下水和过度养殖、过度捕捞、过度放牧等现象，森林生态资源总量不足，资源环境约束越来越紧。这些都倒逼我们必须加快转变农业生产方式，把绿色发展摆到突出位置，加快发展资源节约型、环境友好型农业，走高质量绿色发展道路。二是满足人民群众消费需求升级的需要。随着农产品供给水平的大幅提高和人民生活水平的不断提升，城乡居民消费结构日益升级，对“有没有”“够不够”关注少了，而对“好不好”“优不优”关注多了，对农业发展提出了更高期待和更多要求。这就要求我们不仅要满足量的需求，还要提供多层次、多样化、个性化、优质生态安全的农产品，同时还要提供清新美丽的田园风光、更多更好的森林资源、洁净良好的生态环境。三是应对日益激烈的国际竞争的需要。近年来，随着国内外农产品市场融合加深，我国农产品国际竞争力不强的问题愈发凸显。以大豆为例，2017 年进口 9 553万吨，创历史新高。提升农产品国际竞争力、保护国内农业产业健康发展已迫在眉睫。这也要求我们加快推进农业高质量发展，不断提升农业质量效益竞争力。

针对农业发展新情况新变化新特征，党中央、国务院审时度势、科学研判，作出了推进质量兴农的战略部署。2017 年中央经济工作会议强调，推动高质量发展，是我们当前和今后一个时期确定发展思路、制定经济政策、实施宏观调控的根本要求。2017 年中央农村工作会议提出，我国农业正处于转变发展方式、优化经济结构、转换增长动力的攻关期，要坚持以农业供给侧结构性改革为主线，走质量兴农之路，实施质量兴农战略，不断提高农业创新力、竞争力和全要素生产率，加快实现由农业大国向农业强国的转变。这些重要论断，明确了我国农业发展已由高速增长阶段转向高质量发展阶段，要求我国农业要加快实现由增产导向转向提质导向。

第二节　准确把握农业高质量发展的主要特征

实施质量兴农战略，推进农业高质量发展，基本要求是落实新发展理念，从“有没有”“够不够”转向“好不好”“优不优”，更好满足人民日益增长的美好生活需要；主攻方向是发展高质量高品质农业，深入推进农业绿色化、优质化、特色化、品牌化，加快发展现代高效林业；主要目标是实现农产品产得出、产得优，卖得出、卖得好，持续提高农业现代化水平，不断提升农业质量效益竞争力。归纳起来，主要包括以下五个方面。

一是产品质量优。在保证供给安全的基础上，农产品实现品质更优、种类更丰富、营养更均衡、特色更鲜明，更好满足个性化、多样化的消费需求，实现农产品供需在高水平上的均衡。

二是产业效益好。农村一二三产业融合发展，农业产业链条不断延伸，农产品流通业、加工业蓬勃发展，农产品品牌影响力显著提高，农产品生产能力持续提升，农业全产业链附加值得到提升；农业功能不断拓展，休闲、旅游、生态、文化等多功能价值得到挖掘。

三是生产方式集约。化肥、农兽药、农膜等农业投入品节约集约利用，农作物秸秆、畜禽粪污等农业副产物资源化利用，农田灌溉水节约高效利用；农业劳动生产率不断提高，农业科技创新水平、机械化水平、良种化水平、信息化水平明显提升。

四是经营者素质高。新型经营主体、新型职业农民不断发展壮大，农业专业化程度显著提升，农民成为有吸引力的职业；多种形式的适度规模经营竞相发展，农业社会化服务水平明显提高，小农户被引入现代农业发展轨道。

五是国际竞争力强。根据我国农业的比较优势，在大宗农产品上要着力上规模、降成本，在特色农产品上要着力增品种、提品质，做到因地制宜、差别发展，实现由农业贸易大国向农业贸易强国的转变。

第三节　突出重点关键环节　扎实实施质量兴农战略

实施质量兴农战略是一项系统工程，涉及农业农村方方面面的工作，必须突出重点、有序推进。

一、推进农业标准化生产

优质安全的农产品，首先是产出来的，抓手是按标生产。要加快农兽药残留限量标准制修订，严格落实农兽药、饲料添加剂、抗生素使用规范，严格落实间隔期、休药期。制（修）订一批农产品标准。加快推进规模经营主体按标生产，建立生产记录台账，通过2~3年努力，实现大城市郊区、“菜篮子”主产县基本按标生产。坚持市场导向，加快发展“三品一标”农产品，增加绿色、有机安全和特色农产品供给，多生产优质的肉蛋奶鱼，让老百姓的餐桌更丰富、吃得更健康。

二、加强农业执法监管

我国农业生产主体多、链条长，农产品质量安全监管必须围绕薄弱环节、重点领域，出重拳、求突破，切实把安全“管出来”。要严格投入品使用监管，推进农药追溯体系建设。抓好农产品质量安全追溯管理，推动国家追溯平台应用，率先将国家级和省级龙头企业、“三品一标”获证企业以及农业部门支持建设的示范基地纳入，鼓励有条件的省尽快和国家平台互联互通。建立农业生产信用档案，将新型经营主体全部纳入监管名录。深化国家农产品质量安全县创建，支持有条件的地方以省为单位整省创建。深入开展农产品质量安全专项治理行动，做好农产品质量安全例行监测和风险评估。加大农产品质量安全宣传力度，发挥社会监督作用。加强植物病虫害、动物疫病防控体系建设。

三、开展品牌提升行动

将品牌建设与粮食生产功能区、重要农产品生产保护区、特色农产品优势区和现代农业产业园、创业园、科技园“三区三园”建设以及绿色食品等产品认证紧密结合，突出抓好品牌建设、品质管理，支持建设一批地理标志产品和原产地保护基地，遴选推介一批富有特色、优质安全的农产品品牌。强化品牌质量管控，建立品牌目录制度，实行动态管理，确保品牌“含金量”。实施兴林富民工程，完善森林认证制度，推进森林生态标志产品建设工程。启动中国林产品交易中心建设，加强重点林产品品牌建设和质量监管。

四、强化现代要素集成运用

我国农业质量不高、大而不强，最根本的还是产业素质不高，要以现代农业产业体系为核心，以现代农业生产体系和经营体系为支撑，整体推进，率先突破。大力推广运用新技术，围绕提质增效重大需求，遴选示范前瞻性、引领性技术，组装集成特色高效品种技术。实施现代种业提升工程，全面深化种业权益改革，建立商业化育种创新体系，全面提升农作物、畜禽、水产、林木良种质量。强化现代科技装备支撑，推动设施装备升级，带动技术集成创新、优良品种推广。

五、深化农业供给侧结构性改革

在守住粮食安全底线的基础上，推进以玉米为重点的种植业结构调整、以生猪和草食畜牧业为重点的畜牧业结构调整、以保护资源和减量增收为重点的渔业结构调整、以农村一二三产业融合发展为重点的全产业链结构优化等重点工作。大力发展区域特色优势农产品，结合农业产业扶贫，加快发展地方特色蔬菜瓜果、茶叶、花卉、食用菌、畜禽等产业。优化养殖业空间布局，大力发展绿色生态健康养殖，做大做强民族奶业。统筹海洋渔业资源开发，科学布局近远海养殖和远洋渔业，建设现代化海洋牧场。加快生物质能源基地及多联产发展工程建设，推动林产品精深加工和林业产业集聚发展。通过上下联动，共同引导农民瞄准市场需求，增加市场紧缺和适销对路产品的生产，确保产得出来、卖得出去，并争取卖个好价钱。

六、突出农业绿色发展

推进农业绿色发展是农业发展观的一场深刻革命，也是质量兴农工作的应有之义。农业本身具有“绿色”属性，农作物都是绿色生命，农业生产就是生产绿色的固碳过程。在实施质量兴农战略时，要把绿色发展摆在更加突出的位置。一方面，要把农田搞绿，大力推进化肥农药零增长行动，开展农业废弃物资源化利用，把农业资源过高的利用强度缓下来、面源污染加重的趋势降下来。另一方面，要把环境搞美，加快国土绿化步伐，启动大规模国土绿化行动，加快实施生态保护修复重大工程，扩大退耕还林、重点防护林体系建设、京津风沙源治理和石漠化综合治理等工程造林规模；按照生态宜居要求，推动农业空间布局方式、资源利用方式、生产管理方式的变革，实现人与自然和谐共生发展。

第六章　构建农村一二三产业融合发展体系

2019年中央一号文件从建设现代化经济体系、实施乡村振兴战略的全局出发，对农村一二三产业融合发展作出新定位、提出新要求，为推动农村产业融合持续向纵深发展，不断开创农村产业融合发展新局面，指明了方向。

第一节　充分认识构建农村产业融合发展体系的重要意义

当前，我国农业农村发展正处在转型升级的关键时期，面临着动力转换、方式转变、结构优化、效益提升的艰巨任务。加快构建农村一二三产业融合发展体系，对于深入实施乡村振兴战略，激发农业农村内生动力，不断提高我国农业综合效益和竞争力，具有十分重要的意义。

一、推动乡村产业振兴、实现高质量发展的迫切需要

产业振兴是乡村振兴的物质基础。实现乡村产业振兴，仅仅依靠发展农业是不够的，必须按照实现高质量发展的要求，着眼提高农业全产业链收益，通过构建现代乡村产业体系，切实做强一产、做优二产、做活三产。农村产业融合发展正是这样一种“对症良方”，通过依托种养业加快发展二三产业，延伸产业链、提升价值链、拓展多功能，可以推动构建现代农业产业体系、生

产体系、经营体系，促进农业生产加工销售各环节紧密对接，推进农业由增产导向转向提质导向，全面提高农业的质量效益和竞争力。

二、促进农民持续增收、决胜全面建成小康社会的迫切需要

对“三农”工作来讲，最艰巨的任务是促进农民增收，最能体现工作成绩的也是促进农民增收。习近平总书记多次指出，检验农村工作成效的一个重要尺度，就是看农民的钱袋子鼓起来没有。推进农村产业融合发展，不仅有利于优化农业生产体系，促进农业节本增收、提质增收，而且有利于盘活农村资源资产，激发农村创业创新活力，增加农民经营性收入、工资性收入和财产性收入，通过融合发展建立的利益联结机制，让农民进入全产业链收益分配的“利益圈”和“价值圈”，开辟稳定增收的新渠道。

三、进一步提升农村发展水平、促进城乡融合发展的迫切需要

推动农村产业融合发展，不仅能够挖掘农业农村内部潜力，而且能够吸引资金、技术、人才等现代要素更多流向农村，使农村“增财气”“聚人气”，是推动城乡融合发展的重要举措。

第二节　农村一二三产业融合发展取得的成效及存在的问题

近年来，农业产业链不断延伸，农业功能日益拓展，农村一二三产业不断呈现融合发展势头。各地区各部门不断加大工作力度，完善政策举措，大力推动制度、技术和商业模式创新，推进农牧结合、农林结合、循环发展，促进农业产业链向两端延伸，不断挖掘农业的生态、文化、旅游等多方面功能，将农村产业发展与新型城镇化、美丽乡村建设等结合起来，探索出不少行之有效的新模式。农村产业融合的快速推进，有力地促进了农业产品结构、产业结构、

经营结构的调整，显著改善了农业供给质量，催生了农村新产业新业态，为农村创新创业开辟了新天地，为农民就业增收打开了新空间。

同时也要看到，构建农村产业融合发展体系面临许多新情况、新问题、新挑战，突出表现在用地难、融资难、人才缺乏等“老大难”问题普遍存在；农民与新型经营主体的利益联结仍不紧密，农民公平合理参与增值收益的保障机制仍不健全；发展主体“多而不强”，发展层次不高，产品档次和文化内涵有待提升等。

第三节　准确把握构建农村产业融合发展体系的内涵要义

推进农村产业融合发展，不仅是简单地打破产业界限，而且需要把现代产业发展理念和组织方式引入农业，着力构建农业与二三产业交叉融合的现代产业体系。必须以新发展理念为引领，以市场需求为导向，以完善利益联结机制为核心，以制度、技术和商业模式创新为动力，构建产业融合新体系，通过大力开发农业多种功能，延长产业链、提升价值链、完善价值链，实现产业发展和农民增收的双赢。在这个过程中，必须注意把握好以下四点。

一、完善产业发展与农民之间紧密的利益联结机制

从市场机制的角度看，单纯的融合发展并不能自动让农民更多受益，如果不建立起有效的利益联结机制和保障机制，就算是产业发展起来了，大部分农民还是只能作为打工者获得收益，不能作为农村资源资产的主人去分享应得的发展红利。牢记产业融合发展的初心，必须始终坚持让农民更多分享增值收益作为基本出发点，让农民充分参与和分享增值收益。

二、推动农村各产业融合发展

推进产业融合发展，要重点在延伸产业链、提升价值链、促进技术渗透上用力气，在一二三产业间优化各种生产要素组合配置，实现整个产业链上下游环节的系统协调，打破过去农业管生产、工业管加工、商业管销售的产业形态，让三次产业在融合发展中同步升级、同步增值、同步受益。

三、充分发挥市场机制作用和更好发挥政府作用

农村产业融合发展是农民和市场主体的创造，推进农村产业融合发展，应该坚持按市场原则办事，充分发挥市场在资源配置中的决定性作用，顺势而为，充分调动和发挥各类经营主体的积极性、创造性。同时，推进农村产业融合发展，政府要积极作为，给予必要的政策扶持，搭建好公共服务平台，改善基础设施条件，建设和规范要素市场，维护好公平竞争的市场秩序。

四、确保国家粮食安全和生态安全，守住乡村独特文脉

推进农村产业融合发展必须守住一些基本底线，不能把农业综合生产能力搞低了，不能把生态环境搞坏了，不能把农村乡愁搞没了。切实制止“非农化”等问题，确保国家粮食安全不出现大的闪失。充分考虑农村的资源环境承载能力，避免污染“上山下乡”。传承农村的地脉和文脉，充分体现农村特点，切实留住乡情乡愁。

第四节　加快构建农村产业融合体系的具体措施

针对推进农村产业融合发展工作中的“堵点”“难点”，要坚持问题导向，创新思路、强化支持、优化环境，把农村产业融合发展不断推向纵深。

一、发展多类型农村产业融合方式

依托现代农业产业园、农业科技园、农产品加工园、农村产业融合发展示范园等，促进农业内部融合、延伸农业产业链、拓展农业多种功能、发展农业新型业态、产城融合等多模式融合发展。加速新理念新技术向农业农村融合渗透，推动农村新产业新业态健康有序发展。大力建设具有广泛性的促进农村电子商务发展的基础设施，鼓励支持各类市场主体创新发展基于互联网的新型农业产业模式，深入实施电子商务进农村综合示范，加快推进农村流通现代化。加大对农村新产业新业态的支持力度，实施休闲农业和乡村旅游精品工程，建设一批设施完备及功能多样的休闲观光园区、森林人家、康养基地、乡村民宿、特色小镇。发展乡村共享经济、创意农业、特色文化产业。

二、加快培育农村产业融合主体

发挥农业产业化龙头企业在构建产业融合发展体系中的关键作用，加快培育农商产业联盟、农业产业化联合体等新型产业链主体，打造一批产加销一体的全产业链企业集群。实施农产品加工业提升行动，鼓励企业兼并重组，淘汰落后产能，支持主产区农产品就地加工转化增值。加强农产品产后分级、包装、营销，建设现代化农产品冷链仓储物流体系，重点解决农产品销售中的突出问题。打造农产品销售公共服务平台，健全农产品产销稳定衔接机制，支持家庭农场、合作社等新型经营主体带领小农户发展农产品加工、直销等业务，支持供销、邮政及各类企业把服务网点延伸到乡村。

三、建立紧密利益联结机制

加快推广“订单收购+分红”“土地流转+优先雇用+社会保障”“农民入股+保底收益+按股分红”等多种利益联结方式，将企业与农民从简单的产品购销、劳务关系、土地流转，转变为紧密的合作共赢关系，让农户分享加工、销售环节收益。国家相关扶持政策与利益联结机制相挂钩，更好地发挥政府扶持资金的作用，强化龙头企业联农带农激励机制，帮助新型农业经营主体提升竞争力，增强带动农户发展的能力。引导和鼓励农村集体经济组织挖掘集体土地、房屋等资源和资产的潜力，积极参与三产融合发展，将产业融合发展与增加集体收入、壮大集体经济结合起来。

四、完善农村产业融合服务体系

继续发挥农村产业融合发展部门协同推进机制作用，研究重大问题，协调支持政策，督促贯彻落实。加快完善土地、资金、人才等要素支撑的政策措施，确保各项政策可落地、可操作。统筹存量和增量，以盘活存量、优化城乡用地布局为突破口，落实好新型主体、新兴产业用地政策，加快探索建立农村产业融合发展的用地保障机制。在加大财政投入力度、加强涉农资金统筹整合的同时，创新支持方式，撬动更多金融和社会资金投向农村产业融合发展。坚持鼓励创新、包容审慎的监管原则，对利用闲置农房发展民宿、养老等项目，要出台消防、特种行业经营等领域便利市场准入、加强事中事后监管的管理办法。

五、强化典型示范带动作用

围绕产业融合模式、主体培育、政策创新和投融资机制，依托“三园三区”“百县千乡万村试点示范工程”、国家农村产业融合发展示范园等引领示范平台，深入开展农村产业融合发展试点示范，形成典型和示范引领效应，以点带面推动农村产业融合加快发展。不断总结基层带有普遍意义的经验和做法，形成可复制可推广的经验，把试点示范的“盆景”尽快变成“风景”。加强对试点示范的宣传引导，为推进农村产业融合发展营造良好的舆论环境。

第七章　构建农业对外开放新格局

党的十九大报告明确提出，中国开放的大门不会关闭，只会越开越大，要推动形成全面开放新格局。中国积极推动农业对外开放，农产品市场开放程度不断提高，农业利用国外市场和资源已达到相当的规模和水平，已全面深度融入世界贸易体系。在世界经济复苏乏力、国际金融市场跌宕起伏、贸易保护主义加剧的背景下，我国农产品贸易发展面临的环境和形势更为复杂，必须统筹建立健全我国农业贸易政策体系，提高农业国际竞争力和应对风险的能力。

第一节　统筹利用国内外两种资源两个市场

从我国人多、地少、水缺的资源禀赋出发，更加充分地利用国际市场国外资源，是我国农业产业贸易政策的理性选择。近年来全球粮食供需关系保持宽松，产量和库存增长与价格持续下跌相伴而行。在世界农产品供给总体充裕的背景下，各农产品出口国都希望增加对中国的出口。从经济视角来看，农业贸易对于在更大范围内配置农业资源、提高资源配置效率、增加农产品有效供给、减缓国内农业资源和环境压力、推动部分农民增收和农业产业结构调整具有重要作用。从社会视角来看，我国农业是小规模生计型农业，农业基础竞争力不足，加之农业支持保护和调控手段有限，贸易发展给我国农业带来了越来越大的挑战。因此，必须统筹处理好促进农业贸易发展与保护国内产业和农民利益的关系。

要健全公平竞争的农产品进口市场环境，不断优化农产品进口来源渠道和布局，进一步加大农产品反走私综合治理力度，有效遏制粮食、食糖、猪牛羊肉等事关国计民生的重点农产品走私高发蔓延态势。充分发挥农产品进口的“资源替代”效应，适当增加土地消耗型农产品及其加工制品进口，缓解国内资源压力。与此同时，要构建更加优化的农产品生产和贸易的产业链体系，促进水产、蔬菜、水果等特色优势农产品出口，提升本土农产品附加值和出口效益。要加大对农产品出口支持力度，瞄准出口国农产品市场需求，结合我国农业资源特点，增强优势出口农产品供应能力，巩固农产品出口传统优势，扩大特色和高附加值农产品出口。要鼓励支持优势农产品出口示范基地建设，推进出口基地转型升级，支持农产品出口企业加强保鲜、储藏、加工和物流设施建设。努力优化农产品对外出口环境，加大国内特色优势农产品海外宣传推介力度。鼓励企业积极参加国际认证和注册，推进农产品认证结果互认工作，促进形成一批农产品出口龙头企业和一批拳头出口产品。

第二节　深化与“一带一路”沿线国家和地区农产品贸易关系

自古以来，农业交流和农产品贸易就是丝绸之路上的主要合作内容。借古丝绸之路，中国从西方引入了胡麻、石榴、苜蓿、葡萄等作物品种，并把掘井、丝绸、茶叶等生产技术和产品带到中亚，促进了相关国家间农业技术和产品的传播交流，亚欧非的农业文明沿着古丝绸之路交流互通，不断发扬光大。

时至今日，农业发展仍然是“一带一路”沿线国家国民经济发展的重要基础。“一带一路”贯穿亚欧非大陆，一头是活跃的东亚经济圈，农业发展历史悠久；一头是发达的欧洲经济圈，现代农业优势明显，中间广大腹地农业资源丰富，发展潜力巨大。沿线农业大国形成了各具特色的农业体系，对加强与中国的农业合作有强烈需求。推进“一带一路”建设农业合作、深化“一带一路”沿线国家和地区间农产品贸易关系，是相关各国农业发展与合作的共同愿景。其中，大部分国家对解决饥饿和贫困、保障粮食安全与营养的愿望强烈，开展农业合作是沿线国家的共同诉求。

目前，中国正以开放的姿态、合作的诚意，积极与沿线国家和地区开展农业合作和农产品贸易，在“一带一路”上贡献中国智慧。我国拥有杂交水稻、节水灌溉等众多先进的农业技术，在作物栽培、土壤改良、小型农机具、农副产品深加工等方面具有优势，能够帮助沿线国家提高农业发展水平。我国农业劳动力资源丰富，在高附加值的蔬菜、水果生产方面具有优势，很多沿线国家水土资源充足、农业特色明显，但人均耕地面积远低于世界平均水平，粮食产需缺口需要通过国际市场进行弥补。从农业资源禀赋、农业科技、农业装备方面来看，我国与“一带一路”沿线国家在农业发展和贸易方面有很强的互补性，农业合作有很大的空间。

面向未来，要持续推动“一带一路”农业合作，加强与“一带一路”沿线及周边国家和地区的农业贸易合作，按照重点区域、重点产品和主要国家完善贸易政策，进一步拓展进口的来源渠道，推动共建“一带一路”农产品贸易通道，合作开展运输、仓储等农产品贸易基础设施一体化建设，提升贸易便利化水平，扩大贸易规模，拓展贸易范围。同时，鼓励建设多元稳定的“一带一路”农产品贸易渠道，发展农产品跨境电子商务。加强“一带一路”沿线国家农产品检验检疫合作交流，共建安全、高效、便捷的进出境农产品检验检疫监管措施和农产品质量安全追溯系统，规范市场行为。

第三节　积极支持农业“走出去”

近年来，我国农业综合生产能力显著增强，全国粮食产量连续5年稳定在6 000亿千克以上。与此同时，中国农业发展面临着新的挑战，如生产成本不断攀升、生态环境压力加大、资源要素趋紧等。随着我国人口增加、生活水平提高以及消费结构升级，人均耕地少、水资源缺乏的资源禀赋，难以支撑经济社会发展对农产品需求的持续增长。在这种形势下，中国主动加强对外农业合作，参与农业国际化和全球农业资源开发，不仅有助于推动全球粮食安全状况的改善，还有利于更好地保障国家粮食安全战略的实施。目前，中国农业海外投资主要集中在附加值不高、技术含量低等劳动密集型行业和传统领域，没有从战略上建立农产品加工、仓储、物流和贸易一体化的全球农产品供应链。未来一个时期，农业“走出去”仍将面临国际投资新规则、海外农业经营风险等不确定性因素。

要更加积极地支持中国农业“走出去”，支持中国的农业企业开展跨国经营，培育中国具有国际竞争力的大粮商和农业企业集团。要着眼实现农业资源全球配置，以推动农业“走出去”为契机，加强农业产业链整合，依托贸易、资本和技术优势，形成对全球农业产业链的支配力，巩固提升对国际农产品贸易的掌控力。积极支持有条件的企业开展跨国经营，重点在农产品加工、仓储、物流、贸易等产业链关键环节上加大支持力度。培育若干具有国际竞争力的大粮商和农业企业集团，通过海外投资、并购、资本运作，提升在全球农业价值链中的地位。引导企业借鉴跨国农业公司与当地农民合作的方式，通过提供融资、农资、技术培训等生产性服务，与当地农民建立稳定的合作关系。要注重发挥贸易大国效应，以建设性姿态推动国际农业贸易秩序和全球粮食安全治理朝着更加公平合理的方向发展。努力提升参与全球农业治理的能力，全方位、深度参与全球农业治理体系变革。在粮食安全、农业可持续发展等全球性农业议题上，贡献中国智慧，提出中国新主张、新倡议，践行中国行动，增强中国在全球农业贸易投资规则和标准制定中的话语权。加强中国农业对外开放的正面海外宣传，讲好“中国故事”，正面回应国际质疑与负面舆论，增信释疑，努力塑造良好的国际舆论环境。

第八章　促进小农户和现代农业发展有机衔接

小农生产指的是小农户在小块土地上从事的个体劳动生产。小农生产有三个核心特征：一是生产经营规模小；二是分散经营，以家庭为主要生产单位；三是生产力水平低，劳动生产率不高。自春秋战国以来的两千多年里，小农生产始终是我国农业生产的主要形式，小农户始终是我国农业生产的主导力量。仅仅在新中国成立后的农业集体化和人民公社时期，采取了以生产队为基本单位的集体统一经营。1978 年党的十一届三中全会开启了农村改革序幕，确立了农村土地集体所有、农户家庭经营的家庭联产承包责任制，恢复和重建了小农生产。时至今日，小农生产在我国仍然保持了较强的适应性和生命力，在增加农民收入、保障国家粮食安全、推进工业化城镇化、促进生态文明建设、传承乡村文明、稳定社会秩序等方面发挥着重要作用。

近年来，尽管农村土地流转和农业规模经营不断加速，但超小规模经营仍然是我国农业经营的主要形式，小农生产仍然在我国农业经营方式中占据主体地位。小农户数量众多，是当前农业生产的主力军。我国人口规模庞大，乡村人口占比高。

党的十八大以来，中央制定出台的一系列强农惠农富农政策，既注重发挥适度规模经营引领作用，又注重稳定小农户家庭经营基本面，确保了中国特色农业现代化沿着正确轨道健康发展。在新形势下，我国亿万小农户及其生产方式也正在发生深刻变化，他们与传统的封闭的小农经济形态渐行渐远，正向着合作化、市场化、开放化的方向转变。伴随着经济的快速发展和科技水平的不断提升，小农生产的物质装备、要素投入等与以往相比有大幅度的提高，小农生产的生产力水平明显提升。但是也要看到，要实现小农户和现代农业发展有机衔接，还存在不少问题和困难。主要是：小农户生产经营规模小，劳动生产效率较低；农业基础设施薄弱，小农户抗御自然灾害的能力差；劳动力素质偏低，生产经营较为粗放；小农户与大市场对接难，缺乏市场竞争力；小农组织化程度低，新型经营带动辐射不够；扶持政策过多向规模性经营倾斜，小农户享受水平较低；生产服务体系不够健全，社会化服务程度低。

人多地少的国情农情，决定了小农户长期是农业的基本经营主体。准确把握中国特色农业现代化发展方向，在培育新型农业经营主体、鼓励发展适度规模经营的同时，重视和扶持小农生产，将其引入现代农业发展轨道，对发展农业生产、促进农民增收、维护农村社会稳定都具有十分现实而深远的意义。党的十九大明确提出，“实现小农户和现代农业发展有机衔接”，充分彰显了党中央对扶持小农生产的高度重视，2019 年中央一号文件对此作出了具体部署。当前和今后一个时期，必须要结合社会主义初级阶段的特点和国情，把握发展客观规律，坚持因地制宜、分类指导，宜大则大、宜小则小，不搞“一刀切”、不搞强迫命令，循序渐进地推进对小农户生产的改造和提升，实现小农户和现代农业发展的有机衔接，摸索出一条符合农业发展规律的现代农业发展道路。

第一节 统筹兼顾培育新型农业经营主体和扶持小农户

培育新型经营主体，发展适度规模经营，推动农业提质增效，是我国农业现代化发展的根本出路。党的十八大以来，中央制定出台的一系列强农惠农富农政策，既注重发挥适度规模经营引领作用，又注重稳定小农户家庭经营基本面，确保了中国特色农业现代化沿着正确轨道健康发展。

超小规模经营是我国农业经营的主要形式，小农户生产在我国农业经营方式中占据主体地位。在新形势下，亿万小农户的生产模式正向着合作化、市场化、开放化的方向转变，生产方式正在发生深刻变化。伴随着经济的快速发展和科技水平的不断提升，小农户生产的物质装备、要素投入等与以往相比有大幅度的提高，生产力水平明显提升。

提高农业效率效益，不能光盯住扩大经营规模、扶持大的经营主体，还要着力提高普通农户的集约化经营水平，兼顾社会公平。对一些地方挤小户、垒大户，资金项目过于向大的经营主体倾斜的现象，对在发展适度规模经营认识上的一些偏差，必须引起高度重视。

2019 年中央一号文件明确提出要“研究制定扶持小农生产的政策意见”，就是要从基础制度和顶层设计的层面，进一步强调坚持家庭经营的基础性地位，释放积极政策信号，统一各地区、各部门的思想认识，加大对小农户生产的扶持和服务，强化对小农户利益的维护和保障，努力将小农户生产逐步引入现代农业发展轨道上来，让小农户成为现代农业发展的参与者、受益者，防止被挤出、受损害。

第二节　推进农业生产全程社会化服务

社会化服务是引领小农户生产进入现代农业发展轨道的重要桥梁。要通过加强社会化服务，推动小农户生产实现规模效益。围绕农业产前、产中、产后各环节，为小农户提供全方位、多样化的社会化服务，跨越家庭和地块的界限，实现统一农资采购、统一机械作业、统一灾害防控、统一水肥管理、统一产品销售，在不同生产经营环节和层面达到规模经营的效果，让小农户生产在社会化服务基础上实现节本增效、提质增效、营销增效。

各级政府要把“补服务”作为财政支持小农户生产的重要方式，

采取财政扶持、税收优惠、信贷支持等措施，着力培育针对普通农户生产需求的社会化服务组织，提供农机作业、统防统治、烘干加工、保鲜储运等生产性服务。支持发展为小农户生产生活提供“一站式”服务的综合服务中心。扩大政府购买农业社会化服务范围，将面向小农户生产的社会化服务项目作为重点内容，纳入购买目录。加快研发和推广应用适用于小农户的农业装备、技术应用，给小农生产插上科技的翅膀。

第三节　发展多样化的联合与合作

引导农户发展多种形式的联合与合作，能够有效地弥补分散经营的短板，把单家独户的资源要素组合起来，打通小农户应用现代物质装备的通道，实现小生产与大市场的有效对接。一方面要鼓励农民以土地、林权、资金、劳动、技术、产品为纽带，开展多种形式的联合与合作，积极发展生产、供销、信用“三位一体”综合合作，在产前、产中、产后各环节开展多种形式的联合与合作，提高普通农户的组织化程度和小农生产的产业化程度。另一方面也要发挥集体经济组织统筹的作用，为小农户提供生产经营社会化服务，将小农户凝聚起来，重塑有统有分、统分结合的双层经营体制。

第四节　注重发挥新型农业经营主体带动作用

新型农业经营主体是连接小农户和大市场的重要纽带。要围绕帮助农民、提高农民、富裕农民，发挥新型农业经营主体对普通农户的辐射带动作用，推进家庭经营、集体经营、合作经营、企业经营共同发展。要引导新型农业经营主体多模式完善利益分享机制，进一步完善订单带动、利润返还、股份合作等新型农业经营主体与农户的利益联结机制。要引导新型农业经营主体提升规模经营水平，允许将财政资金特别是扶贫资金量化到农村集体经济组织和农户后，以自愿入股方式投入新型农业经营主体，让农户共享发展收益。要加大对规范化农民合作社的政策支持力度，提高农民合作社专项支持资金规模，把带动普通农户数量和与普通农户利益联结程度，作为评定规范化农民合作社的主要指标。要研究出台支持合作社联合社发展的政策意见，推动普通农户实现跨产业、跨区域联合。按照“对内不对外、吸股不吸储、分红不分息”的原则，鼓励小农户在合作社内开展信用合作，明确县级政府管理主体责任，完善登记服务政策。

第五节　扶持小农户拓展增收空间

切实完善扶持小农户生产的政策体系，坚持既有政策力度不削弱，顺应新情况、新变化研究制定扶持小农户生产的新举措、新办法，为把小农户生产引入现代农业发展轨道提供有力支持。

要通过现代生产要素注入，推动小农户生产提升集约化经营水平。鼓励小农户采用现代生产要素，发展绿色生态农业，生产精细化、精致化、特色化的农产品，实现小规模经营基础上的高效益。鼓励小农户面向新兴需求、盘活资产资源、拓展经营领域，发展旅游休闲、文化体验、特色手工等新产业新业态，实现家庭生产经营的多业融合、综合发展。要通过土地流转集中，推动小农生产向家庭农场转变。积极引导鼓励小农户扩大土地经营规模，成长为家庭农场，从事农业专业化、商品化、集约化生产经营，实现劳动力、耕地资源的优化配置，提高农业全要素生产率。要通过强化小农户培训力度，培育新型职业农民。加大财政投入，整合培训资源，以小农户为重点开展农业实用技术培训，加快培育一批爱农业、懂技术、善经营的新型职业农民和农村实用人才队伍。

第六节　改善小农户生产设施条件

加大农业水利、电力等基础设施扶持力度，重点解决小农急需的通田到地的末级灌溉渠道、机耕生产道路、村组道路、生产发展动力的瓶颈问题，提高抵御自然灾害的能力，为小农生产提供良好的基础支撑。加快“田间地头”仓储物流设施建设和农村信息化基础设施建设，为更多的农产品走向市场创造条件。加快改善农民生活条件和村容村貌，把农村产业发展、人居环境整治与社会建设统筹起来考虑，为一二三产业融合发展和小农多渠道增收构建良好环境，提高农村干部群众的精气神，增强农民的归属感。

第七节　提升小农户抗风险能力

切实完善扶持小农生产的政策体系，坚持既有政策力度不削弱，顺应新情况、新变化研究制定扶持小农生产的新举措、新办法，为把小农生产引入现代农业发展轨道提供有力支持。要加大对普通农户承包经营权的保护力度，完善经营权流转的程序和监管办法，探索建立承包农户流转自愿的验证机制。对村集体搞土地股份合作、返租倒包、统一流转等，建立县级审核备案制度。要完善扶持普通农户生产的财政政策。稳定现有对普通农户生产的补贴政策和补贴水平，研究探索针对小农生产的收入补贴制度，新增农业补贴要把普通农户作为重点扶持对象。现有耕地地力保护补贴必须坚持直补到户，不能以任何理由改变用途。要强化针对普通农户生产的金融服务。总结扶贫小额信贷的做法经验，探索将无抵押、无担保、财政贴息的小额信贷政策扩大到所有普通农户，鼓励地方设立针对小农户信贷的风险补偿基金。面向小农户和新型经营主体差异化保险需求，探索建立政府全额出资保基本、农户自愿参保保增量的农业保险运行机制，提高农户参加农业保险的覆盖面和受益度。探索建立针对普通农户生产的价格保险、收入保险，财政给予保费补贴。

第九章　统筹山水林田湖草系统治理

2019 年中央一号文件提出，要统筹山水林田湖草系统治理，把山水林田湖草作为一个生命共同体，进行统一保护、统一修复。补齐生态短板，增强生态产品供给能力，实现乡村生态宜居，这对加快推进农业农村现代化，意义重大而深远。

第一节　统筹山水林田湖草系统治理是发展的必然要求

党的“十八大”以来，以习近平同志为核心的党中央高度重视绿色发展，将生态文明建设纳入“五位一体”总体布局和“四个全面”战略布局，首次把“美丽中国”作为生态文明建设的宏伟目标。绿色发展理念深入人心，加强生态文明建设成为普遍共识。生态文明建设带来了农业农村生产生活方式变革，推动了产业升级，也助推了“绿色革命”。

党的“十九大”报告指出，“统筹山水林田湖草系统治理，实行最严格的生态环境保护制度，形成绿色发展方式和生活方式，坚定走生产发展、生活富裕、生态良好的文明发展道路”。这把生态文明建设与广大群众的民生问题更加紧密地联系在了一起，对乡村生态文明道路提出了具体要求。随着中国特色社会主义进入新时代，乡村生态文明建设面临新形势、新任务、新要求。

长期以来，为解决农产品总量不足的矛盾，我国拼资源、拼环境、拼消耗，农业发展方式粗放、资源过度开发利用，农业农村生态系统服务和功能发生退化，一些区位重要的农村地区的生产生活生态受到严重影响。由于没有同时、同步、系统保护好农业农村田、林、土、水等各种自然生态空间，森林质量不高、耕地质量退化、草原生态环境脆弱、渔业物种资源保护形势严峻、沙化土地面积较大、湿地侵占破坏严重等问题突出，生态保护和修复的效果不尽理想。生态环境脆弱，直接影响到农业农村可持续发展和全体人民身体健康，已成为全面建成小康社会的突出短板。实施乡村振兴战略，必须坚持走生态环境保护与经济社会发展共赢的绿色发展之路。统筹山水林田湖草系统治理，既是破解农业农村发展瓶颈的客观需要，又是党中央在深刻研判综合把握“三农”发展新形势，顺应广大人民群众殷切期盼所作出的重大决策。

第二节　把生态文明建设融入乡村振兴全过程

乡村振兴，生态宜居是关键。统筹山水林田湖草系统治理，核心是要在乡村振兴中坚持人与自然和谐共生，把乡村生态文明建设融入乡村振兴的各方面和全过程。

要完善乡村生态文明建设的体制机制和政策体系，严格保护乡村生态环境，为实现乡村全面振兴提供坚实的生态基础。加快建设生态宜居的乡村环境，保留乡土气息、保存乡村风貌、保护乡村生态、治理乡村生态破坏，让乡村有更舒适的居住条件、更优美的生态环境，让广大人民群众过上更加美好的生活。

要用生命共同体的系统思维打破条块分割的生态管理体制，统筹兼顾农业农村各生态要素、自然生态空间的整体性和系统性及其内在规律，统筹考虑山上山下、地上地下以及流域上下游，对其进行整体保护、系统修复、综合治理，统筹处理好保障国家粮食安全、资源安全和生态安全的关系，更加重视耕地、水、森林、草原、湿地等保护和合理利用，维护平衡协调的城乡生态环境及持续增强的生态服务功能。

要针对制约农业农村发展的突出生态问题，不断创新体制机制，既做到各生态系统协调平衡，又做到粮食安全、生态安全、资源安全综合平衡；既实现有利于人的宜业宜居宜游宜养的生态环境，又实现生态环境自我修复、自我调节、自然循环的生态格局。

第三节　把山水林田湖草作为一个生命共同体

统筹山水林田湖草系统治理，要把生态文明建设摆在乡村振兴的突出位置，有序统筹生产生活生态、全面兼顾经济社会生态三大效益，准确把握保护与开发利用的关系，坚持绿色兴农发展理念，按照系统工程思路加强乡村生态保护修复，不断提升乡村自然生态承载力，还自然以宁静、和谐、美丽，满足人民亲近自然、体验自然、享受自然的需要。

一要尊重自然、顺应自然、保护自然，统一保护、统一修复乡村自然生态系统。习近平总书记强调，山水林田湖是一个生命共同体，人的命脉在田，田的命脉在水，水的命脉在山，山的命脉在土，土的命脉在树。要像对待生命一样对待生态环境，落实节约优先、保护优先、自然恢复为主的方针，从根本上扭转忽视生态和可持续的粗放型发展模式，坚持节约资源和保护环境的基本国策，实行最严格的生态环境保护制度。

二要确立发展绿色农业就是保护生态的观念，突出降低农业农村资源开发利用强度，做到取之有时、取之有度，坚定不移推动农业农村形成绿色发展方式和生活方式，增强农业农村可持续发展能力。

三要树立和践行“绿水青山就是金山银山”的理念，严守生态保护红线，维护乡村生态优势，推动农业高质量发展，加快建设生态宜居的美丽乡村，以绿色发展引领乡村振兴。

第四节　全方位开展乡村生态保护建设

一是实施重要生态系统保护和修复工程，划定和保护好生态红线，提升农业农村自然生态系统的质量和稳定性。完成生态保护红线、永久基本农田、城镇开发边界三条控制线划定工作，筑牢生态安全屏障，实现格局优化、系统稳定、功能提升。对影响国家生态安全格局的核心区域，关系中华民族永续发展的重点区域和生态系统受损严重、开展治理修复最迫切的关键区域，如黄土高原、云贵高原、内蒙古高原、祁连山脉、秦巴山脉、河西走廊、京津冀水源涵养区等，着力抓好一批生态治理和生态修复工程。要保护优先、自然恢复为主，通过封禁保护、自然修复办法，让农业农村生态得到休养生息。科学划定江河湖海限捕、禁捕区域，健全水生生态保护修复制度。实行水资源消耗总量和强度双控行动。

二是完善天然林保护制度，扩大退耕还林还草，强化湿地保护和修复。完善和严格执行天然林保护政策，把所有天然林都纳入保护范围。落实好全面停止天然林商业性采伐政策，统筹研究全面保护天然林与二期工程到期后的相关政策措施。扩大退耕还林还草，就是要在25度以上坡耕地、严重沙化耕地、重要水源地等尽快恢复生态功能。支持扩大新一轮退耕还林还草规模，逐步完善补助标准，创新体制机制加强退耕成果巩固。严格落实禁牧休牧和草畜平衡制度，加大退牧还草力度，继续实施草原生态保护补助奖励政策，保护治理草原生态系统。强化湿地保护和恢复，完善湿地保护补助政策和湿地生态效益补偿制度，积极开展退耕还湿生态建设。精心组织实施京津风沙源治理、“三北”及长江防护林建设、防沙治沙、野生动植物保护、国家储备林等林业重点工程，增加森林面积和蓄积量，精准提升森林质量和功能。

三是严格保护耕地，扩大耕地轮作休耕试点，健全耕地草原森林河流湖泊休养生息制度。坚持最严格的耕地保护制度，坚守耕地保护红线，提升耕地质量。扎实稳妥集中连片地推进耕地轮作休耕制度试点，加快构建有中国特色的耕地轮作休耕制度。加快形成轮作休耕组织方式、工作机制、技术模式、政策体系和监测评价机制，精准指导服务，加强督促检查，不断强化责任落实。在地下水漏斗区、重金属污染区、生态严重退化地区的基础上，进一步拓展轮作休耕试点范围。以防为主、防治结合，因地制宜、突出重点，对休耕地采取保护性措施，禁止弃耕、严禁废耕，不能减少或破坏耕地、不能改变耕地性质、不能削弱农业综合生产能力。健全耕地草原森林河流湖泊休养生息制度，分类有序退出超载的边际产能，全面提升草原、森林、河流、湖泊等自然生态系统的稳定性和服务功能。

四是开展大规模国土绿化行动，推进荒漠化、石漠化、水土流失综合治理。扎实推进荒山荒地造林，宜封则封、宜造则造、宜林则林、宜灌则灌、宜草则草，充分利用乡村工矿废弃地、闲置土地、荒山荒坡、被污染地以及其他不适宜耕作的土地开展造林绿化。充分发挥国有林场在国土绿化中的带头作用，创新产权模式和绿化机制，大力动员全社会资源和要素参与乡村振兴绿化行动。深入开展义务植树活动，大力培育生态保护修复专业化企业，加快森林乡村建设，提升生态宜居水平。推进荒漠化、石漠化治理，推进沙化土地封禁保护区和防沙治沙综合示范区建设。强化水源涵养、水土流失防治和生态清洁小流域建设。

五是推进乡村河湖水系连通，全面推行河长制、湖长制，构建生态廊道和生物多样性保护网络。开展河湖水系连通和农村河塘清淤整治，全面推行河长制、湖长制，构建责任明确、协调有序、监管严格、保护有力的河湖管理保护机制。制定出台保障江河湖泊生态水量的政策举措。出台河湖健康评估指南，推动河湖健康评估工作常态化。加大农业水价综合改革工作力度，实施乡村节水行动，加快完善支持农业节水政策体系，促进水资源可持续利用。实施生物多样性保护重大工程，有效防范外来生物入侵。全面加强乡村原生植被、自然景观、古树名木、小微湿地和野生动物保护，努力保持乡村原始风貌，优化乡村生态廊道，使乡村森林、湿地、水系、河湖、耕地形成稳定完整的生态网络。

第十章　加强农村突出环境问题综合治理

2019年中央一号文件将坚持人与自然和谐共生作为实施乡村振兴战略的基本原则之一，对加强农村突出环境问题综合治理作出具体部署。这是党中央坚持以人民为中心的发展思想，贯彻新发展理念，牢牢把握新时代我国“三农”工作的特征，顺应广大农民群众对美好生活的向往而作出的重大决策部署。

第一节　深刻认识加强农村突出环境问题综合治理的重大意义

我国是农业大国，农村人口众多，良好生态环境是农村最大优势和宝贵财富。党的“十八大”以来，以习近平同志为核心的党中央将农村环境保护作为推进农村生态文明建设的重要内容，不断加大农村环境治理力度，农村环境质量得到改善。但是，我国农业面源污染严重，农村污染量大面广，农村环境形势严峻。只有加强农村突出环境问题综合治理，才能为农民创造优美宜居的生产生活环境和美好家园。

一、环境问题综合治理是决胜全面建成小康社会的重大任务

“小康全面不全面，生态环境质量是关键”。全面建成小康社会，生态环境是突出短板，农村环保更是薄弱环节。当前，我国农村环境得到一定改善，但与全面建成小康社会要求还存在较大差距。必须把农村环境治理作为决胜全面建成小康社会的重大任务，拿出硬

办法、硬措施，确保实现全面建成小康社会的目标。

二、环境问题综合治理是满足人民对美好生活需要的必然要求

“中国要美，农村必须美。”农村环境保护滞后于经济社会发展，是农村发展不平衡不充分的重要体现。必须顺应广大农民群众过上美好生活的期待，牢固树立和践行“绿水青山就是金山银山”的理念，把为农民群众创造优美宜居的生产生活环境作为治理农村突出环境问题的根本出发点和落脚点。

三、环境问题综合治理是推动农业绿色发展的重要抓手

总体上看，我国农业主要依靠资源消耗的粗放经营方式没有根本改变，绿色优质农产品和生态产品供给还不能满足人民群众日益增长的需要。要实行最严格的生态环境保护制度，优化空间布局，转变农业发展方式，推动各地构建人与自然和谐共生的农业发展新格局，促进农业转型升级和绿色发展，形成农村绿色生产方式和生活方式。

第二节　准确把握加强农村突出环境问题综合治理的内涵要义

2019 年中央一号文件提出，乡村振兴，生态宜居是关键。加强农村突出环境问题综合治理是建设美丽宜居乡村的重要内容，是全面建成小康社会的应有之义，是广大农民群众的热切期盼。

一、切实解决农民群众最关心最直接最现实的突出环境问题

农村环境保护基础弱、欠账多，问题点多面广，必须统筹规划、突出重点。紧扣保障人民群众饮水安全和食品安全，以农村饮用水水源地保护、农业面源污染防治、重金属污染耕地防控和

修复、严禁工业和城镇污染向农业农村转移等为重点，抓紧治理关系人民群众切身利益的突出问题，切实改善农村生产生活环境。

二、贯彻新发展理念，推进农业绿色发展

我国农业发展方式粗放，化肥、农药等农业投入品过量使用，畜禽粪污、农作物秸秆等农业废弃物未得到合理处置。必须坚持新发展理念，以绿色发展引领乡村振兴，实施源头减量、过程控制、末端治理与利用相结合的综合治理，促进农业发展由主要依靠资源消耗向资源节约型、环境友好型转变，走高效、集约、安全、持续的现代农业发展道路。

三、创新体制机制，推动农村环境监管体系建设

我国农村环境监管体系建设滞后，地方各级政府农村环境监管能力薄弱，必须创新农村环境保护体制机制，不断完善政策措施，加强城乡环境执法统筹，强化基层环境监管执法力量，构建政府为主导、企业为主体、社会组织和公众共同参与的农村环境治理体系，切实提高农村环境监管能力。

第三节 把加强农村突出环境问题综合治理的重点任务落到实处

一、加强农业面源污染治理和废弃物资源化利用

农业资源环境是农业生产的物质基础和农产品质量安全的源头保障，直接关系人们“菜篮子”“米袋子”的安全。要大力发展节水农业，加快农业高效节水体系建设。继续实施化肥、农药零增长行动，加强农业投入品规范化管理，推广有机肥替代化肥、测土配方施肥，强化病虫害统防统治和全程绿色防控。推进农业绿

色生产，积极发展有机农业、循环农业和生态农业等环境友好型农业，强化资源保护与节约利用。推行标准化规模养殖，规范和引导畜禽养殖场做好畜禽粪污资源化利用。统筹资源环境承载能力、畜产品供给保障能力和养殖废弃物资源化利用能力，种植和养殖相结合，就地就近消纳利用畜禽养殖废弃物。实施秸秆综合利用行动，大力开展秸秆还田和秸秆肥料化、饲料化、基料化、原料化和能源化利用。开展地膜回收行动，完善农膜回收体系。加强畜禽养殖污染防治和秸秆露天焚烧监管执法，严格落实畜禽规模养殖环评制度，依法查处环境违法行为，培育发展农村环境治理市场主体，建立畜禽粪污、秸秆等农村有机废弃物收集、转化、利用的网络体系。

二、加强农村水环境治理

农村水环境质量与农民生产生活密切相关，直接影响农民身体健康。要以供水人口多的农村饮用水水源地为重点，加快划定水源保护区或保护范围，加大农村集中式饮用水水源保护区内排污口取缔力度。推进农村生态清洁小流域建设，改善农业生产生活条件和生态环境。加大地下水超采区治理力度和范围，控制华北等地下水漏斗区、西北等地表水过度利用区用水总量。继续深入实施“以奖促治”政策，推进农村环境综合整治，重点治理农村生活污水垃圾，确保完成《水污染防治行动计划》确定的到2020年新增完成13万个建制村环境综合整治的目标任务。

三、强化农用地土壤污染防治

我国土壤污染状况不容乐观，农用地土壤环境质量堪忧，污染地块和农用地环境风险日益凸显。要全面开展土壤污染状况详查工作，摸清农用地土壤污染状况。加快出台土壤污染防治法，完善相关标准规范。以粮食重金属超标区域重金属污染风险防控为重点，加大涉重金属行业污染排查和整治，推进重金属污染耕地防控和修复。推进土壤污染防治先行区建设和土壤污染治理与修复技术应用试点。将严格管控类耕地纳入退耕还林还草范围，同时在农业产业结构调整时，优先在严格管控类耕地上种植棉花等非食用性农产品经济作物。

四、实施流域环境和近岸海域综合治理

流域是由山水林田湖草等构成的生命共同体，要以流域为管理单元，统筹上下游、左右岸、陆地水域，进行系统保护、宏观管控、综合治理。推进按流域设置环境监管和行政执法机构试点，调整现行以行政区为主的管理体制，增强流域环境监管和行政执法的独立性、统一性、有效性和权威性。加强近岸海域污染治理，坚持河海兼顾、区域联动，落实《近岸海域污染防治方案》重点任务，推动辽东湾、渤海湾、黄河口、长江口、杭州湾等重点河口海湾综合整治。

五、严禁工业和城镇污染向农业农村转移

近年来，随着城市环保力度加大，污染向农村转移的问题有所凸显，“垃圾围村”“垃圾山”等问题突出。要坚持预防为主，把好环境准入关，结合农业和农村实际，出台相关产业准入的负面清单，防止污染“上山下乡”。推动农村规模以上工业企业进园区，实行污染物集中处理。依法禁止未经处理达标的工业和城镇污染物进入农田、养殖水域等农业区域。加强联防联控，依法严厉打击工业固体废物和危险废物违法跨区转移。全面推行排污许可制度，强化监督执法，落实企业达标排放主体责任。

六、加强农村环境监管能力建设

我国农村环境监管体系建设滞后，大部分乡镇没有专门的农村环保工作机构和人员，难以有效开展工作。要落实区县和乡镇农村环境保护主体责任，明确工作主体，确保责有人负、事有人干。结

合省以下环保机构监测监察执法垂直管理制度改革，加强城乡环境保护统一监管和行政执法，促进村民协管、网格巡查、综合检查、专业执法相结合的农村环保监管体系建设，推动环境监测、执法向农村延伸。

第十一章　建立市场化多元化生态补偿机制

2019年中央一号文件提出了建立市场化多元化生态补偿机制的要求，这是生态文明建设助推乡村振兴的重大体制机制创新，是促进区域平衡发展、打赢脱贫攻坚战和维护人与自然和谐共生的重要途径。

第一节　建立生态补偿机制，是乡村生态振兴的"破局之举"

党中央、国务院高度重视生态补偿机制建设。2005年，党的十六届五中全会首次提出加快建立生态补偿机制。党的"十八大"和十八届三中全会都明确提出要建立生态补偿制度。2015年，印发《中共中央国务院关于加快推进生态文明建设的意见》《生态文明体制改革总体方案》，提出要加快形成受益者付费、保护者得到合理补偿的生态保护补偿机制。党的十九大报告指出："建立市场化、多元化生态补偿机制"。近年来，我国生态补偿机制建设取得积极进展。重点生态功能区转移支付、森林生态效益补偿、草原生态补助奖励、流域生态补偿等方面形成了比较完整的补偿政策和机制。探索了跨省流域横向生态补偿，开展了排污权有偿使用和碳排放权、水权交易市场建设，建立矿山环境治理恢复保证金制度等。但是，现有补偿渠道和方式单一、缺乏有效机制保障。补偿范围主要集中在森林、草原、矿产资源开发等领域，耕地、流域、湿地、海洋等生态补偿处于起步阶段；地区之间、流域上下游之间缺乏有效的协商平台和机制；资源税、环境税改革以及碳汇交易、排污权交易、水权交易等市场化补偿方式仍处于探索阶段。市场化多元化生态补偿机制发育滞后，在促进生态环境保护方面的作用还没有充分发挥。生态保护供给方保护动力不足、受益方出资意愿不强，政府补偿“四两拨千斤”效应不好，许多乡村守着“富饶的贫困”，制约了生态文明建设服务乡村振兴。建立市场化多元化生态补偿机制，是适应当前乡村振兴需要的生态“破局之举”，有利于拓宽乡村振兴生态建设与保护资金渠道，有利于积极培育乡村经济新亮点，有利于加快形成促进乡村社会公平和区域均衡发展的制度安排。

第二节　作为补齐乡村振兴生态短板的重要抓手

习近平总书记指出，要把生态保护放在重要位置，中央和地方都要加大投入，落实好生态保护补偿机制。李克强总理指出，要完善生态保护补偿机制，让保护资源环境的地方不吃亏、能受益。建立市场化多元化生态补偿机制，是乡村生态文明制度建设的重要内容，其核心在于树立“绿水青山就是金山银山”的理念，建立反映市场供求和资源稀缺程度，体现生态价值、代际补偿的生态补偿制度，培育和激发生态保护与建设的内生动力。让生态保护不再是政府的强制性行为和社会公益事业，而成为投资和收益相对称的经济行为，将生态保护成果转化为经济效益，鼓励人们更好地保护生态环境，在乡村振兴过程中努力实现“生态保护、民生改善、区域发展”三统一，为全社会永续提供生态产品。

建立市场化多元化生态补偿机制，必须突出市场化多元化特征，以保护和可持续利用乡村生态系统为目的，以经济手段为主，调节相关者利益关系，发挥市场配置生态资源的决定性作用。市场化多元化的关键是要把“谁受益、谁补偿”原则，从政策上的呼吁转变为推进和加强乡村生态文明建设实实在在的抓手。通过市场运作，充分体现受益者负担原则，激励政府、企业、个人等多方参与，采取现金补偿、对口支援、碳汇交易、社会捐赠等多种补偿手段，降低乡村生态保护与建设的成本。建立市场化多元化生态补偿机制要突出“输血”与“造血”并举的体制机制创新，通过补偿逐步提升乡村自身发展能力，走出一条“绿色崛起”的乡村振兴道路。

第三节　不断提升生态保护成效

建立市场化多元化生态补偿机制是一项复杂的系统工程，也是一项长期的制度建设，关键在于落实。要不断完善转移支付制度，逐步扩大补偿范围，合理提高补偿标准，有效调动全社会参与生态环境保护的积极性，促进乡村生态文明建设迈上新台阶。到2020年，实现森林、草原、湿地、荒漠、海洋、水流、耕地等重点领域和禁止开发区域、重点生态功能区等重要区域生态保护补偿全覆盖，补偿水平与经济社会发展状况相适应，市场化多元化补偿机制初步建立。

要“谁投资、谁受益”“谁受益、谁补偿”。科学界定补偿的主客体，明确保护者与受益者的权利、义务，引导各类受益主体履行生态保护补偿义务，督促受偿者切实履行生态保护责任，切实形成投资者得利益、受益者付费用、保护者得补偿的运行机制。发挥政府对生态环境保护的主导作用，加强制度建设，完善法规政策，创新体制机制，拓宽补偿渠道，通过经济、法律等手段，加大政府购买服务力度，引导社会公众积极参与。处理好“输血型”补偿方式和“造血型”补偿方式的关系，充分应用经济手段和法律手段，将生态保护补偿与实施主体功能区规划、西部大开发战略和集中连片特困地区脱贫攻坚等有机结合，逐步提高重点生态功能区等区域基本公共服务水平，促进其绿色发展转型。将试点先行与逐步推广、分类补偿与综合补偿有机结合，大胆探索，稳步推进不同领域、区域生态补偿机制建设，不断提升生态保护成效。

第四节　培育和激发生态保护与建设的内生动力

一是落实农业功能区制度，加大重点生态功能区转移支付力度。大力实施国家主体功能区战略，将农业发展区域细划为优化发展区、适度发展区、保护发展区，明确区域发展重点。加快划定粮食生产功能区、重要农产品生产保护区，认定特色农产品优势区，明确区域生产功能。努力建立反映市场供求与资源稀缺程度的农业生产力布局，建立主要农产品生产布局定期监测和动态调整机制，完善粮食主产区利益补偿机制。多渠道筹措资金，加大生态保护补偿力度。加快完善生态补偿转移支付办法，探索在重点生态功能区建立生态综合补偿制度。中央财政考虑不同区域生态功能因素和支出成本差异，通过提高均衡性转移支付系数等方式，逐步增加对重点生态功能区的转移支付。中央预算内投资对重点生态功能区内的基础设施和基本公共服务设施建设予以倾斜。完善省以下转移支付制度，建立省级生态保护补偿资金投入机制，加大对省级重点生态功能区域的支持力度。完善生态保护成效与资金分配挂钩的激励约束机制，加强对生态保护补偿资金使用的监督管理。

二是健全横向生态保护补偿机制，探索建立生态产品购买等市场化补偿制度。积极推行以地方补偿为主、中央财政给予支持的横向生态补偿机制。鼓励受益地区与保护生态地区、流域下游与上游通过资金补偿、对口协作、产业转移、人才培训、共建园区等方式建立横向补偿关系。推动建立以地方为主的流域横向生态补偿制度，落实中央对跨省流域生态补偿的引导支持政策。积极协调在碳排放权交易、排污权交易、森林碳汇交易、水权交易、生态产品服务标志等方面建立市场化补偿方式。鼓励推广林业碳汇交易创新生态补偿路径促进产业发展和生态建设的新模式。加快建立生态保护补偿标准体系，根据各领域、不同类型地区特点，以生态产品产出能力为基础，完善测算方法，分别制定补偿标准。探索通过产业合作、技术援助、人才培训、转移就业等方式实现生态补偿的有效途径。

三是完善森林草原生态保护补偿制度，创新商品林赎买机制。积极建立生态保护与建设长效机制，探索“生态美、百姓富”双赢道路，鼓励地方在重点生态区位推行商品林赎买制度，依靠政府扶持、社会募捐、银行贷款等方式筹措赎买改革资金，将重点生态区位内禁止采伐的商品林通过赎买、租赁、置换、改造提升、合作经营等方式盘活生态资源。坚持政府主导、自愿公开、权属优先、生态优先的原则，集中统一管护，逐步优化和改善生态资源布局和结构，提升生态功能，形成产权清晰、多元参与、激励约束并重、系统完整的生态保护制度体系。赎买过程中林木赎买标准要公开透明，大力发展生态经济，吸引更多社会资金，减少财政负担。要建立专业资金运营机构，积极聘用当地群众为护林员。

四是建立长江流域重点水域禁捕补偿制度，推行生态建设和保护以工代赈的做法，提供更多生态公益岗位。推动在长江流域重点地区全面禁捕、水生保护区全面禁捕，实施资源总量管理制度。按照“地方为主，中央适当奖补”的原则，中央财政对长江流域重点水域禁捕工作给予适当支持。补助资金根据相关因素测算，对各地捕捞权收回和专用生产设备报废给予一次性补助，社会保障、就业培训等方面费用由各地结合现有政策项目渠道解决，确保政策配套衔接。中央财政在禁捕期间安排一定的绩效奖励资金，统筹用于退捕渔民社会保障、就业培训以及执法管理等方面。通过实施重大生态工程建设、加大生态补偿力度、大力发展生态产业等，使农民群众尤其是贫困人口从生态保护与修复中得到更多实惠。鼓励在乡村林业、水利、草场和农田等生态建设和保护中，紧密围绕农民最关心、最迫切的利益诉求，提高以工代赈的针对性和有效性，通过增加公益岗位的方式，充分调动农民特别是贫困群众的主动性和积极性。

第十二章　增加农业生态产品和服务供给

2019年中央一号文件指出，增加农业生态产品和服务供给。这是党中央着眼于我国农业农村发展阶段性特征作出的重大判断，着眼于应对社会主要矛盾变化的重大举措，着眼于人民对美好生活的向往而作出的重大部署。

第一节　顺应经济高质量发展和社会主要矛盾转化的必然要求

农业生态产品和服务主要指维系生态安全、保障生态调节功能、提供良好人居环境的自然要素，包括清新空气、清洁水源、宜人气候、优美生态环境等，需要通过特定的生态空间，如森林、草原、湿地、湖泊、海洋等来提供。近年来，随着物质产品、精神产品、文化产品的日益丰富，农业生态产品和服务变得越来越稀缺，成为新时代经济社会发展亟须补齐的短板。党的十八大提出，大力推进生态文明建设，增强生态产品生产能力。党的十八届五中全会要求坚持绿色富国、绿色惠民，为人民提供更多优质生态产品。党的十九大明确指出，既要创造更多物质财富和精神财富以满足人民日益增长的美好生活需要，也要提供更多优质生态产品以满足人民日益增长的优美生态环境需要。

随着生活水平的不断提高，人民期待天更蓝、地更绿、水更清，提供更多优质生态产品和服务已成为社会主义现代化建设的重要任务。13亿多人对优质生态产品和服务有着巨大需求，良好的生态环境是乡村最大的优势和宝贵财富。增加农业生态产品和服务供给，推动农业农村供给向优质生态转变，不仅是增强广大人民群众幸福感的重大举措，更是增进民生福祉的科学抉择。

第二节　乡村生态振兴的支撑点

农业农村的现代化是人与自然和谐共生的现代化，保护好农村的宁静、和谐、美丽，是建设美丽中国的应有之义。“生态宜居”表达了绿水青山就是金山银山的理念，提出了农村形成绿色发展方式和生活方式的要求，也体现了城乡空间格局的不同和功能的差异。习近平总书记强调，要推动乡村生态振兴，让良好生态成为乡村振兴支撑点。

要保护和扩大乡村森林、草原、河流、湖泊、湿地等生态空间，增加清新空气、清洁水源、美丽风景、肥沃土地、生物多样性，真正把乡村建设成一个望得见山、看得见水、记得住乡愁的地方，建设成生态文明大系统中的坚强屏障。加快发展绿色农业，提供多样化、特色化、绿色化的生态产品和服务。促进农业投入减量化，加大农业面源污染治理，保护农村生态环境。提供良好的生态环境需要社会的广泛参与，政府、企业、公众等不同利益主体都应担起责任。要完善市场化机制和保障政策体系，引导资本、人才、科技等现代要素支撑农业生态产品和服务的提供。推动科技创新面向乡村生态建设，鼓励科研机构、企业以及资本市场力量加快促进农业生态产品和服务市场化。围绕农业生态产品和服务价值的科学评估核算、交易市场培育、资本化运作模式创新颖、政策制度体系构建等方面进行探索，积极寻求多元化的价值实现形式。

第三节　让生态经济真正成为农业供给侧结构性改革的强大动力

我国经济已由高速增长阶段转向高质量发展阶段，农业农村经济也朝着这个方向转变。推动供给侧结构性改革，加快推进高质量发展，农业农村发展必须更加突出生态品质、主打生态品牌。

生态就是生产力，保护自然就是保护和发展生产力。要以绿色发展为引领，着力构建科技含量高、资源消耗低、环境污染少的现代农业产业结构，推进农村绿色产业革命，加快形成农业农村发展新动能。

第四节　培育绿色发展新引擎，走出一条美丽经济的新路子

在牢牢守住生态底线的前提下，正确处理开发与保护的关系，运用现代科技和管理手段，优化农业农村生态空间布局和配置，科学合理开发利用各类生态资源，可以将乡村生态优势转化为发展生态经济的优势，促进生态和经济良性循环。因地制宜发展生态产业、绿色产业、循环经济，不仅利于提升农业生态产品和服务供给能力，而且推动乡村自然资本加快增值，让老百姓种下的“常青树”真正变成“摇钱树”，让更多的老百姓吃上“生态饭”，走出一条“生态美、百姓富”有机统一的绿色高质量发展新路。

要立足生态优势，做好特色文章，探索乡村生态经济发展新路径、新模式，努力促进从“木头经济”向“海洋经济”“观赏经济”“冰雪经济”“林下经济”“果子经济”等的转变。大力倡导增进环保、崇尚绿色、促进人与自然和谐共生的绿色产业发展方式，加快形成以自然保护区、风景名胜区、森林公园、地质公园及湿地公园、沙漠公园、水利风景区等为主要载体的乡村旅游目的地体系。加大自然保护地、生态体验地的公共服务设施建设力度，适度建设创意新颖、功能完善、设施齐全的乡村度假养老养生中心。丰富和完善生态博物馆、科技馆、标本馆和植物园、野生动物园等生态教育平台，提供丰富多样的生态教育产品与服务。创建一批特色生态旅游示范村镇和精品线路，打造绿色生态环保的乡村生态旅游产业链。

精心设计打造以森林、草原、梯田、湿地、沙漠、野生动植物栖息地、花卉苗木为景观依托的生态体验精品线路，集中建设一批公共营地、生态驿站，推出一批具备游憩、疗养、教育等功能的体验基地和森林小镇，建设一批绿色生态村庄，营造生态优美、景观多样、绿色宜人的生态空间。加大生态资源富集区基础设施和生态旅游设施建设力度，加快发展生态标识系统、绿道网络、环卫、安全等辅助设施。以转型升级、提质增效为主线，促进乡村生态旅游与农业、林业、文化等融合发展，延伸生态旅游产业链，形成旅游综合服务体系。加强乡村生态基础设施建设，修复农业林业水利文化生态景观，提升“养眼、洗肺、静心”的生态价值、休闲价值和文化价值。推行生态旅游景点“轮休”等休养生息制度，加快形成用生态产品和服务收益反哺乡村生态环境保护和脱贫攻坚的长效机制。

第十三章 加强农村思想道德建设

现代化农村必然是一个高度文明的农村，随着物质生活水平不断提高，农民群众的精神面貌和农村社会风尚已经发生了可喜变化。但要看到，随着社会开放水平的提高，个人主义、利己主义、功利主义、自由主义等带来的冲击也不容忽视。乡村振兴，既要塑形，也要塑魂。加强农村思想道德建设，是实施乡村振兴战略的重要内容。

第一节 加强农村思想道德建设是实施乡村振兴战略的重要任务

一、有利于社会主义核心价值观的培育实践

习近平总书记强调，社会主义核心价值观是一个国家的重要稳定器，能否构建具有强大感召力的核心价值观，关系社会和谐稳定，关系国家长治久安。核心价值观，其实就是一种德，既是个人的德，也是国家的德、社会的德，是一种大德。因此，在核心价值观中，道德价值具有十分重要的作用；培育弘扬社会主义核心价值观，加强思想道德建设是主要途径。我国农村地域辽阔、人口众多，将广大农民群众组织好，开展思想道德教育、吸引他们广泛参与，对于在全社会营造有利于培育践行社会主义核心价值观的氛围，切实把社会主义核心价值观贯穿于社会生活方方面面具有决定性作用。

二、有利于农村社会文明程度的不断提升

习近平总书记指出，人民有信仰，国家有力量，民族有希望。要提高人民思想觉悟、道德水平、文明素养，提高全社会文明程度。党的十九大报告在论述新的“三步走”战略时，明确提出到2035年基本实现社会主义现代化时，社会文明程度达到新的高度的目标任务。2019年中央一号文件也相应地提出了到2035年“乡风文明达到新高度”的乡村振兴目标。国无德不兴，人无德不立。一个民族、一个人能不能把握自己，很大程度上取决于道德价值。必须以思想道德建设为基础，发挥好道德的教化作用，提高农民群众思想道德水平，树立农村地区良好道德风尚，提升农村社会文明程度，为乡村振兴提供精神动力和道德滋养。

三、是解决当前乡风文明乱象的现实需要

当前，在全面建设小康社会进程中，我国农村经济建设蓬勃发展、社会转型日益加快，但乡风文明建设相对滞后，出现了一系列不良现象。比如，农民集体意识弱，“事不关己，高高挂起”的心态普遍存在，乡村秩序的基础受到冲击。比如，优秀道德规范、公序良俗失效，不孝父母、不管子女、不守婚则、不睦邻里等现象增多，红白喜事盲目攀比、大操大办等陈规陋习盛行。要解决这些乱象，必须要加强农村思想道德建设，继承和发扬中华优秀传统美德，弘扬时代新风，教育引导农民群众向往和追求讲道德、尊道德、守道德的生活。

第二节　加强农村思想道德建设的主要任务

一、培育弘扬社会主义核心价值观

采取符合农村特点的形式，通过教育引导、实践养成、制度保

障等多种方式，推动社会主义核心价值观深入农民心中、融入农民生活。一是将其作为农村思想道德建设的一项根本任务抓紧抓好。社会主义核心价值观，只有被普遍理解和接受，才能为农民群众自觉遵行。要把培育弘扬社会主义核心价值观作为保障乡村振兴战略顺利实施的凝魂聚气、固本强基的基础工程，坚持教育引导、舆论宣传、文化熏陶、实践养成、制度保障等多管齐下，使社会主义核心价值观内化为农民群众的精神追求，外化为农民群众的自觉行动。二是要立足农村优秀传统文化。我国数千年的农业文明传承，形成了崇尚和平、勤劳节俭、敦厚朴实、自强不息、尊老爱幼、邻里互助等传统美德，潜移默化地影响着农民群众的道德伦理和行为方式，直到如今，大多数农民群众心灵深处对其仍然具有较高的认同感。要坚持马克思主义道德观、坚持社会主义道德观，在去粗取精、去伪存真的基础上，坚持古为今用、推陈出新，深入挖掘农村优秀传统文化和传统美德，使其成为在农村地区培育弘扬社会主义核心价值观的道德滋养。要引导农民群众树立正确的义利观，加强诚信教育，化解市场经济的消极影响。三是要符合农村特点。要根据乡村熟人社会的特点，发挥好乡规民约、礼仪习俗的重要作用，使其成为农民群众的日常行为准则。要根据当前农村老人多、妇女多、孩子多、教育水平较低的群众多等特点，探索他们能够接受、愿意接受的社会主义核心价值观宣讲方式，吸引农民群众参与。

二、加强农村思想道德阵地建设

发挥好农村基层党团组织、公共文化机构、各类学校和培训机构、爱国主义教育基地等思想文化建设阵地主渠道作用，开展群众喜闻乐见的宣传教育活动。一是发挥好农村地区宣传文化机构和设施的主阵地作用。完善乡村两级公共文化服务网络建设，确保实现乡乡都有综合文化站、村村都有文化活动中心。整合基层宣传文化、党员教育、科学普及、体育健身等宣传文化资源，形成工作合力。利用各类民工学校、农民夜校、家政学校等途径，大力开展农民思想道德教育，宣传基本道德知识、道德规范和必要礼仪。积极开发优秀民族道德教育资源，利用各种爱国主义教育基地，进行历史和革命传统教育。二是充分发挥农村基层组织和基层党员干部的引领作用。农村基层组织和基层党员干部在思想道德建设方面有着义不容辞的责任。农村基层党员干部作为农村社会生活的组织者和管理者，必须加强自身的道德修养，提升自己的道德境界，为广大农民群众作出榜样。要将思想道德教育纳入目标管理和重要议事日程，发挥好农村基层组织领导干部和广大党员干部的带头作用，大力宣传农村优秀传统美德、社会主义道德，及时有效地引导广大农民参与各类精神文明创建活动。三是将家庭教育、学校教育与社会教育有机结合起来。家庭是社会的基本细胞，是人生的第一所学校。要特别重视家庭建设，注重家教、注重家风，发扬光大中华民族传统家庭美德，让家庭成为思想道德建设的重要基点。学校是进行系统道德教育的重要阵地，要把教书与育人结合起来，科学规划不同年龄学生及各学习阶段的道德教育内容，发挥教师为人师表的作用，把道德教育渗透到学校教育各个环节。要把家庭教育与学校教育、社会教育结合起来，相互配合、相互促进，推动农民群众思想道德建设不断深化。

三、实施公民道德建设工程

改进和创新思想道德建设的内容、形式、方法、手段、机制等，把公民道德建设提高到一个新的水平。一是要把握好公民思想道德建设的主要内容。从我国历史和现实的国情出发，社会主义道德建设要坚持以为人民服务为核心，以集体主义为原则，以爱祖国、爱人民、爱科学、爱社会主义为基本要求，以社会公德、职业道德、家庭美德为着力点。这是对公民道德建设提出的要求，也是农村思想道德建设应当把握的主要内容。二是要运用好开展公民思想道德建设的各种方式。要加强思想道德教育，综合利用家庭、学校、社会等阵地，在公民中进行道德教育，使人们懂得什么是对的、什么是错的，什么是可以做的、什么是不应该做的，什么是必须提倡的、什么是坚决反对的。要深入开展群众性公民道德实践活动，突出思想内涵、强化道德要求，使人们在自觉参与中思想感情得到熏陶，精神生活得到充实，道德境界得到升华。三是要积极营造有利于公民道德建设的良好氛围。要切实加强对公民道德建设的领导，将其作为十分重要的工作，放在突出位置、提供有利条件。努力为公民道德建设提供法律支持和政策保障，将教育与法律法规政策结合起来，把提倡与反对、引导与约束结合起来。积极营造良好社会氛围，一切思想文化阵地、精神文化产品，都要宣传科学理论、传播先进文化、塑造美好心灵、弘扬社会正气、倡导科学精神，激励人们积极向上，追求真善美，坚决批评各种不道德行为和错误观念，帮助人们辨别是非、抵制假恶丑。

第十四章　传承发展提升农村优秀传统文化

乡村是“根”，文化是“魂”，农村文化是农村全面发展的有机组成部分，传承发展提升农村优秀传统文化是实施乡村振兴战略的重要任务。习近平总书记指出：“乡村文明是中华民族文明史的主体，村庄是这种文明的载体，耕读文明是我们的软实力。”传承发展提升农村优秀传统文化，不仅可以丰富农民群众的文化生活、为农村发展提供精神支撑和智力支持，而且对建设好全国人民共同的精神家园具有不可替代的作用。

第一节　农村优秀传统文化是中华民族的宝贵财富

中华民族五千年连绵不断的文明历史，大多数时期是农耕文明，我们的祖先正是以此为背景，创造了博大精深的中华文明，形成了以讲仁爱、重民本、守诚信、崇正义、尚和合、求大同等价值观念为内核的民族精神。形成这些价值观念的活化石、原生态都在乡村，传承这些价值观念的许多载体也在乡村，乡村的村庄布局、建筑形态，乡村的农事活动、民间艺术，乡村的家庭生活、民俗活动，随处可见中华民族的哲学思考、思想智慧、精神追求、人生态度。这些民族优秀文化，不但没有过时，而且对于解决当今人类面临的发展难题、社会问题、精神困惑，有着不可替代的重要作用。

在城镇化快速发展的今天，有必要重新审视乡村的功能和价值。乡村不仅具有生产、生活、生态价值，而且具有持久的历史、文化、生命价值。乡村和城镇相互依赖、相互促进、相互支撑，是一个不可分割的有机整体，城市文明和乡村文明是并行的，可以相互影响借鉴，但不是以城市文明替代乡村文明，乡村不能成为城市的附庸。那些认为乡村文明是落后文明、应以城市文化取代乡村文化的观点是肤浅的、短视的，甚至是有害的，对此我们必须要有清醒的认识，增强文化自信和文化自觉。

第二节　农村优秀传统文化对乡村振兴意义重大

乡村振兴离不开农村优秀传统文化的滋养，离不开农村优秀传统文化的繁荣。从精神动力来看，农村优秀传统文化是乡村的“魂”，几千年农耕生活形成的民风民俗、伦理道德、乡规民约等，是确保农村生生不息、有序发展的重要思想文化基础，正因为有了这个“魂”，乡村才散不了，农民才有干劲，振兴才有盼头。从文化生活看，尽管这些年现代文化生活进入乡村，但村民们最喜欢的还是地方戏曲、民间社火、传统艺术等乡土气息浓郁的传统文化艺术，保护好、传承好这些老祖宗留下来的东西，对于丰富农民群众的文化生活具有不可替代的重要作用。从产业发展看，农村优秀传统文化也是农村发展地方特色优势产业的重要基础。近年来，一些地方利用古镇、古村落发展壮大了乡村旅游和休闲农业，一些地方通过挖掘民间手工艺，带动起一个村、一个镇乃至一个县的特色产业发展。

应该肯定，这些年来农村文化建设取得了很大的进展和成绩，对于促进农村改革发展稳定功不可没。但同时也必须清醒地看到，农村优秀传统文化被忽视、被破坏、被取代的现象也相当严重，一些地方乡村文化正在逐步消失。在物质文化方面，许多地方村庄形态、传统建筑、田园风光、传统工艺不复存在，乡村文化没有了载体。据中国新闻网报道，近15年来，我国传统村落锐减近92万个，并正以每天1.6个的速度持续递减。

在精神文化方面，乡贤文化、家庭伦理、传统艺术、乡风民俗日渐式微，一些主要流传于乡村的传统民俗、传统戏曲、手工艺等濒临失传。据统计，1959 年我国尚有 368 个剧种，到 2015 年只剩下 286 个，平均每两年就有 3 个剧种消失；另有 74 个剧种只剩一个职业剧团或戏班，处于消失边缘。近年来通过实施戏曲振兴工程，情况有所改变，但形势仍然不容乐观。在制度文化方面，法治观念淡漠、村规民约的约束力不强、村民自治能力较弱的现象较为普遍。在实施乡村振兴战略的进程中，必须着力解决这些问题。

第三节　准确把握传承发展提升农村优秀传统文化的政策内涵

2019 年中央一号文件提出：立足乡村文明，吸取城市文明及外来文化优秀成果，在保护传承的基础上，创造性转化、创新性发展，不断赋予时代内涵、丰富表现形式。切实保护好优秀农耕文化遗产，推动优秀农耕文化遗产合理适度利用。深入挖掘农耕文化蕴含的优秀思想观念、人文精神、道德规范，充分发挥其在凝聚人心、教化群众、淳化民风中的重要作用。划定乡村建设的历史文化保护线，保护好文物古迹、传统村落、民族村寨、传统建筑、农业遗迹、灌溉工程遗产。支持农村地区优秀戏曲曲艺、少数民族文化、民间文化等传承发展。

这项政策的核心要义可以从两个层面理解：第一个层面是保护传承好农村优秀文化，划定乡村建设的历史文化保护线，保护好乡村文物古迹，传承好优秀民族民间文化，重塑良好的乡村文化生态。第二个层面是要在保护传承的基础上，推动乡村文明适应时代、取得新的发展，同时要挖掘农耕文化中的优秀元素，发挥其在乡风文明建设中的积极作用。在具体实践中，可以从以下三个方面把握。

一、加大农村地区文化遗产保护力度

一是加强农村地区文物资源保护。广大农村地区拥有丰富的文物资源，许多文物资源埋藏于乡野、坐落于乡村、流传于民间，要加大农村地区考古发掘、文物资源普查和保护力度，留住中华优秀传统文化的重要载体。加强革命文物保护利用，推进革命文物集中连片保护。推进对农业遗迹、灌溉工程遗产等的保护，不断完善保护理念、保护路径。实施引入生态博物馆理念，注重保护原有风貌，做到农村文化遗产与生产生活、自然环境相得益彰。二是加强传统村落、民族村寨、传统建筑保护。实施古村落古民居保护工程、近现代代表性建筑保护展示提升工程，推进全国重点文物保护单位、省级文物保护单位集中成片传统村落整体保护利用项目，提升对传统村落内不可移动文物的保护利用水平。引导村民按照相关部门指导，在合理适当改善文物保护和传统村落保护条件的基础上，从事生产生活和文化传承。鼓励社会力量参与传统村落保护，推广政府和社会资本合作模式，助力农村优秀传统文化传承发展。三是加强农村非物质文化遗产保护传承。推动国家级文化生态保护区建设向农村地区倾斜。加强对作为非遗传承发展重要载体和空间的传统村落、老街和小镇的保护。推进农村地区传统文化艺术发展，加强“中国民间文化艺术之乡”评审命名和建设管理，深入发掘和盘活各地具有鲜明地域特色的各类优秀民间文化资源，在农村地区传承弘扬中华优秀传统文化。

二、加大农村优秀传统文化的阐释宣传力度

一是加强农村文化遗产展示宣传。支持乡村综合利用乡镇文化站、村文化活动室等平台举办各类具有地方特色的历史文化遗产展览、反映农村生产生活变化的实物展览，传承乡村文脉、留住乡村记忆。支持地方戏曲、民间文化、少数民族文化等传承发展，支持乡村举办传统表演艺术类非遗项目展演活动和积极向上的民俗活动，

营造浓厚的传统文化氛围。二是加强农村优秀传统文化研究阐释。中华文明根植于农耕文明，中国特色的农事节气，大道自然、天人合一的生态伦理，各具特色的宅院村落，充满乡土气息的节庆活动，丰富多彩的民间艺术，耕读传家的祖传家训，邻里守望的乡风民俗，等等，都是中华文化的鲜明标签，承载着华夏文明生生不息的基因密码，彰显着中华民族的思想智慧和精神追求。要加强研究阐发，取其精华、弃其糟粕，坚持不忘本来、吸收外来、面向未来，深入挖掘农村文化遗产资源中蕴含的优秀思想观念、人文精神、道德规范，结合时代要求继承创新，让农村优秀传统文化展现出永久魅力和时代风采，充分发挥凝聚人心、教化群众、淳化民风等方面的积极作用。

三、推动农村地区文化遗产合理适度利用

一是推动农村文化遗产资源“活起来”。构建融合新型城镇化发展的历史文化名城名镇名村保护体系，推动文物保护与文化旅游、遗产保护与产业发展、环境整治与民生改善相结合。二是积极发展农村特色文化产业。支持农村地区规划实施一批特色文化产业重点项目，发展手工艺、休闲娱乐、文化创意、乡村旅游等特色文化产业，打造特色文化产业群、田园综合体和特色小镇，促进农民就业增收、农村经济发展。推进文化产业与农业深度融合发展，不断拓展产品附加值，延伸产业链条，提升文化内涵。推进藏羌彝文化产业走廊建设，支持在边境农村建设具有富民效应和示范效应的文化产业聚集区。三是促进传统工艺振兴。加大“中国非物质文化遗产传承人群研修研习培训计划”对农村地区非遗传承人群的覆盖面，在具备条件的农村地区设立非遗综合性传习中心、传习所和传习点，加强非遗传承发展的重要载体保护和空间保护。在制定国家传统工艺振兴目录中，重点将有助于农村地区带动就业增收的传统工艺项目纳入目录，加大扶持力度。支持传统工艺工作站加大对农村地区扶持力度，支持有较强设计能力的企业、高校和机构在农村地区设

立传统工艺工作站，帮助当地企业和传承人群发展富有民族和地域特色的传统工艺产品和品牌。拓展传统工艺产品推介渠道，鼓励农村地区非遗项目参加非遗展览展示活动，推动传承人与各行业人员交流对接，促进合作共赢。

第十五章　加强农村公共文化建设

2019年中央一号文件明确提出，繁荣兴盛农村文化，焕发乡风文明新气象。实现乡村文化振兴，必须加强农村公共文化建设。

第一节　加强农村公共文化建设的重大意义

一、有助于满足农民群众的美好生活需要

党的“十九大”报告提出，中国特色社会主义进入新时代，我国社会主要矛盾已经转化为人民日益增长的美好生活需要和不平衡不充分的发展之间的矛盾。在解决温饱问题之后，农民群众的美好生活需要日益广泛，不仅对物质生活提出了更高要求，也对精神文化生活提出了更高要求。但从目前情况来看，农村基本公共文化服务水平仍然不高、文化市场不够繁荣，农民群众的精神文化生活还不能得到较好满足。只有加强农村公共文化建设，为农民群众提供基本公共文化服务，并在此基础上提供更好、更多可供选择的精神文化产品和服务，才能有效满足农民群众精神文化需求，增强他们的幸福感和获得感。

二、有助于推进基本公共文化服务均等化

党的十九大报告提出，必须始终把人民利益摆在至高无上的地位，让改革发展成果更多更公平地惠及全体人民。党的十八大以来，一大批增进民生福祉的惠民举措落地实施，基本公共服务均等化水

平显著提升，人民生活明显改善。但也要看到，民生领域还存在着不少短板，特别是城乡发展和收入分配差距仍然较大，农村公共服务水平仍然不高。具体到文化领域，目前我国覆盖城乡的六级公共文化服务网络基本建成，国家、省、市、县（区）、乡镇（街道）和城市社区基本实现了公共文化设施全覆盖，但仍有约1/3的村尚未建立文化活动室，这也是目前公共文化服务体系建设的突出短板。加强农村公共文化建设，完善服务网络、丰富服务内容，将对推进基本公共文化服务均等化、推动城乡公共文化服务融合发展、更好保障农民群众基本文化权益发挥重要作用。

第二节　农村公共文化建设的主要任务

按照有标准、有网络、有内容、有人才的要求，健全乡村公共文化服务体系。2019年中央一号文件从四个方面对农村公共文化建设的重点任务作出了具体部署。第一个层面是完善农村公共文化服务网络，着力补短板、填空缺，努力实现乡村两级公共文化服务全覆盖，充分保障农民群众的基本文化权益。第二个层面是增加农村公共文化产品和服务供给，实施文化惠民项目，开展群众性文化活动，推出更多农民群众喜闻乐见的文化产品和服务。第三个层面是培养一支懂文化、爱农村的文化人才队伍，积极投身农村公共文化建设。第四个层面是繁荣和规范农村文化市场，促进优质文化产品在农村地区有序流通，满足农民群众多样化精神文化需求。

一、完善农村地区公共文化服务网络

一是贯彻落实《公共文化服务保障法》。各级党委政府特别是基层党委政府要切实履行好法律赋予的职能职责，强化政府对农村文化建设的保障作用，更好保障农村群众基本文化权益。二是推动实现乡村两级公共文化服务网络全覆盖。推进基层综合性文化服务中心建设，落实国务院办公厅《关于推进基层综合性文化服务中心建

设的指导意见》，到2020年，全国范围的乡镇（街道）和村（社区）普遍建成集宣传文化、党员教育、科学普及、普法教育、体育健身等功能于一体的基层综合性公共文化设施和场所，使之成为我国文化建设的重要阵地和提供公共服务的综合平台。三是推进农村地区公共文化服务标准化。推动《国家基本公共文化服务指导标准（2015—2020年）》和各省（自治区、直辖市）实施标准在农村地区贯彻落实，确保各项要求落实到位、广大农民群众能够享受到更好更多的文化服务。四是推进城乡文化资源的统筹整合。发挥县级公共文化机构的辐射和带动作用，建立上下联通、服务优质、有效覆盖的县级文化馆图书馆总分馆制，推动公共文化资源和服务向乡镇、村庄推送和延伸，实现县域公共文化资源共建共享。

二、不断加大农村地区文化惠民力度

一是实施系列文化精准扶贫项目。推动《“十三五”时期贫困地区公共文化服务体系建设规划纲要》贯彻落实，继续实施“贫困地区百县万村综合文化服务中心示范工程”“贫困地区民族自治县、边境县村综合文化服务中心覆盖工程”“流动文化车工程”“送戏下乡”等工程项目，在政策、资金和项目等方面进一步向农村贫困地区倾斜。二是推动数字文化惠民工程惠及农村。继续实施全国文化信息资源共享工程、国家数字图书馆推广计划，推动“资源下沉，服务下移”，使农民群众能便捷获取优质数字资源。推进“中西部贫困地区公共数字文化服务提挡升级”项目，开展网络技能培训、创业帮扶、电商对接等惠民服务。推进“边疆万里数字文化长廊”建设，构建环绕我国边疆地区的功能全、覆盖广、效能高的公共数字文化服务网络。三是对农村特殊群体进行精准帮扶。开展农村文化志愿服务，健全文化志愿服务组织，实施系列志愿服务项目。以农村特殊群体为重点，面向农村地区实施一批文化帮扶项目，为农村留守妇女儿童、老年人和返乡农民工提供适宜的文化产品和服务，给予文化关怀。

三、进一步丰富农村农民精神文化生活

一是深入开展“深入生活，扎根人民”主题实践活动。鼓励更多艺术家深入农村基层开展采风创作、结对帮扶、文艺演出等活动，支持更多文化单位深入农村基层设立工作站、工作室，为农村营造浓郁的文化艺术氛围。深入推进戏曲进乡村，推动各地将地方戏曲演出纳入基本公共文化服务目录，支持各地举办地方戏曲剧种展演展示活动，为农民提供戏曲等多种形式的文艺演出。二是加大对“三农”题材艺术创作的扶持力度。依托国家舞台艺术精品创作扶持工程、戏曲振兴工程、中国民族歌剧传承发展工程、中国民族音乐舞蹈杂技扶持发展工程、剧本扶持工程等项目，发挥国家艺术基金、地方艺术基金和各类专项资金的作用，引导广大艺术创作者更加关注“三农”题材创作。利用中国歌剧节、全国声乐展演、全国舞蹈展演、全国杂技展演、各类戏曲展演等活动，为“三农”题材作品演出搭建平台。三是引导文化市场主体增加农村市场优质文化产品供给。支持文化娱乐企业、演出主体立足农村，研发创作生产面向农村、适合农民、具有农村特色的各类文化产品，鼓励将高品质文化产品、新型文化业态带到农村、走近农民，支持农村文化建设，满足农村群众文化需求。四是促进农村文化市场行业转型升级发展。将上网服务场所和文化娱乐行业转型升级工作向农村地区延伸推进，加大对农村地区上网服务场所、歌舞娱乐、游戏游艺等文化娱乐场所转型升级发展的指导与支持，鼓励改善环境面貌，丰富服务业态，扩大服务人群，积极参与公共文化服务，为当地群众提供网上购物和农副产品网络销售服务、为中老年提供娱乐休闲去处等，提升行业经营水平、整体形象和社会评价。

四、激发农民群众投入文化建设的积极性

一是推动农村地区开展群众性文化活动。支持在农村地区开展形式多样的宣传教育、科学普及和文化娱乐活动，充分发挥文化富

民育民乐民的重要作用，不断提升农民文明素质。组织好群星奖获奖作品和优秀作品巡演等服务基层的示范性文化活动，办好中国农民歌会，引导各地积极打造群众文化活动品牌。完善群众文艺扶持机制，加大对农村地区群众自办文艺团体的扶持引导力度。二是培养一批扎根基层的农村文化人才。加大对农村地区群众自办文艺团队的扶持引导力度，扶持引导乡土文化能人广泛开展文艺活动，创新载体形式，交流展示群众文艺创作优秀成果。有针对性地加强面向农村基层文化工作者的培训工作，通过示范性培训、公共文化巡讲、远程培训等形式多样的培训活动，提升基层文化工作者的能力和水平。继续实施“阳光工程——中西部农村文化志愿服务行动计划”，将活跃在广大中西部农村，有文艺特长、热心社会公益、乐于组织文化生活的群众文艺骨干和文化能人招募为文化志愿者，协助村委会开展农村文化建设。着力培养造就一支懂文化、爱农村、爱农民的农村文化队伍，促进农村文化事业发展。

第十六章　开展移风易俗行动

推进乡村文化振兴，必须注重物质文明与精神文明两手抓，大力开展移风易俗行动，旗帜鲜明地反对天价彩礼、反对铺张浪费、反对婚丧大操大办、抵制封建迷信，积极培育文明乡风、良好家风、淳朴民风。

第一节　广泛开展群众性精神文明创建活动

广泛开展群众性精神文明创建活动，是提升农民素质和乡村文明程度的有效途径。党的十八大以来，坚持抓住价值引领这个根本、围绕美丽乡村建设这个主题、突出为民利民惠民这个鲜明导向，以实施文明村镇创建活动、开展好家风好家训活动、组织好媳妇（好公婆）评选、寻找最美乡村教师（医生、村干部）等为抓手，涌现出许多好的典型和经验，农村精神文明建设取得了新的进展。持续深入开展群众性精神文明创建活动，要突出思想道德内涵，坚持创建为民惠民利民，不断扩大覆盖面，增强实效性，有力推动社会文明进步，提升农民群众的获得感和幸福感。要推动人们在为家庭谋幸福、为他人送温暖、为社会作贡献的过程中提高精神境界、培育文明风尚。

要顺应农村群众的新期待，以农村群众的获得感为标准，开展好文明村镇创建活动。力争到“十三五”期末，全国县级及县级以上文明村和文明乡镇占比达到50%左右。文明家庭创建要更加注重家庭、注重家教、注重家风，促进家庭和睦，促进亲人相亲相爱，孝老爱幼，少有所教，老有所养，使千千万万个家庭成为国家发展、民族进步、社会和谐的重要基点，成为人们梦想启航的地方。以“家和万事兴”为主题传承良好家风和家训，重视做好家庭教育。要与“我们的节日”相结合，以“春节之喜庆、清明之缅怀、端午之追忆、七夕之忠贞、中秋之团圆、重阳之敬老”为主题，开展系列节庆文化活动，促进家庭文明建设。要推动形成爱国爱家、相亲相爱、向上向善、共建共享的社会主义家庭文明新风尚，以良好家风支撑起好的社会风气。

第二节　在农村大力培育勤俭节约的文明风尚

随着经济社会的发展，农民的收入不断提高，日子越来越好。但不少地方的农村陈规陋习又泛起，一些地方甚至愈演愈烈。现在一些地方农村“形虽在，神已散”，优秀道德规范、公序良俗失效，红白喜事盲目攀比、大操大办等陈规陋习盛行。一些地方的农村，天价彩礼让人娶不起媳妇，嫁女一开口就是“一动两不动”，动的是小汽车，不动的是村里一套房、县城一套房。甚至出现了“因婚致贫”现象，儿子结婚成家了，父母亲却成了贫困户。在一些地方，结婚、老人去世要摆酒席，小孩过满月、老人过生日、盖房子、升学都要大宴宾客，名目繁多的人情礼金让人还不起。农村是熟人社会，容易互相攀比，不少村民对此苦不堪言，但又得硬着头皮“打肿脸充胖子”。

这种状况必须得到改变，要大力开展婚丧嫁娶革新行动，在传统礼俗和陈规陋习之间画出一条线，告诉群众什么是提倡的、什么是反对的。要旗帜鲜明地反对天价彩礼，旗帜鲜明地反对铺张浪费、反对婚丧大操大办。要坚持点面共抓、立破并举、疏堵结合，坚持教育引导与惩罚惩处并重，“自律”与“他律”结合，创新手段、综合施治，努力遏制大操大办、厚葬薄养、人情攀比等陈规陋习，补齐影响社会文明程度和群众生活品质的短板。广泛宣传推介移风易俗典型经验，总结推广集体婚礼、零价彩礼、村民食堂等有效做法，为各地推进移风易俗提供样板。健全完善红白事理事会、道德评议会和村规民约，发挥新乡贤等骨干队伍带头作用，组织开展道德评议和群众评议等各种活动，参与民间事务的调节、监督和服务，在遏制陈规陋习、倡树文明新风等方面发挥作用，实现群众自我教育、自我管理、自我提高，有效遏制各种不良低俗行为习惯，提升农村群众精神风貌。加强婚丧改革的宣传引导，组织好农民培训，引导农民群众改变生活习惯和方式，提升文明素养，创建婚丧改革良好社会环境。

第三节　引导农民群众自觉抵制封建迷信活动

当前一些地方的农村封建迷信风行，算命、相面、看风水、占卜、驱鬼、求神拜佛等封建迷信活动再度泛起，严重败坏社会风气，侵害广大农民群众的物质和文化利益。必须把破除农村封建迷信作为精神文明建设的重要内容，引导农民告别迷信、走向科学，告别愚昧、走向文明。加强对参与封建迷信活动人员的宣传教育，对所谓“大师”“算命先生”“神婆”利用算命等封建迷信活动骗取钱财、坑害群众的行为进行打击。深化农村殡葬改革，大力推进节地生态安葬，大力倡导文明祭祀新风。宣传引导群众通过鲜花祭扫、家庭追思、网络祭祀等低碳环保的现代祭扫方式慎终追远、寄托哀思。

破除农村封建迷信，要用科学的道理揭穿封建迷信的骗局，从根本上消除封建迷信赖于存在的社会基础。要以提升基层科普服务能力为重点，继续实施基层科普行动计划，有效提升基层科普服务能力。农村精神文明建设经费少、队伍散、阵地少、设施差、活动少的状况极为普遍，不少农民在文化饥饿中投入封建迷信中去。要增加投入，加强引导，强化广播电视等大众媒体宣传，开展多种形式的宣教载体建设。发挥党员干部示范作用，要求党员干部从自身做起，不搞封建迷信活动，并严格约束家人。对党员干部参与封建迷信、陈规陋习现象实行“零容忍”，一经发现，严格按照规定严肃处理。

第十七章　加强农村基层党组织建设

农村基层党组织是党在农村基层组织中的战斗堡垒，是党在农村的全部工作和战斗力的基础。党的十八大以来，以习近平同志为核心的党中央高度重视农村基层党组织建设。习近平总书记多次作出重要指示，强调农村工作千头万绪，抓好农村基层组织建设是关键，无论农村社会结构如何变化，无论各类经济社会组织如何发育成长，农村基层党组织的领导地位不能动摇、战斗堡垒作用不能削弱；强调要从巩固党的执政基础的高度出发，坚持问题导向，进一步加强农村基层党组织建设，为农村改革发展稳定提供有力保障。2019 年中央一号文件要求，紧紧围绕贯彻落实中央决策部署，扎实推进抓党建促乡村振兴、抓党建促脱贫攻坚，着力推动农村基层党组织和党员在实现产业兴旺、生态宜居、乡风文明、治理有效、生活富裕和脱贫攻坚中当好组织者、推动者、先行者；在深入组织群众、宣传群众、凝聚群众、服务群众中提升组织力、强化政治功能；在不断增强农民群众获得感幸福感安全感中提高威信、提升影响，使群众自觉听党话、感党恩、跟党走，努力把农村基层党组织建成宣传党的主张、贯彻党的决定、领导基层治理、团结动员群众、推动改革发展的坚强战斗堡垒。

第一节　学习贯彻习近平新时代中国特色社会主义思想

党的十九大将习近平新时代中国特色社会主义思想确立为我们

党必须长期坚持的指导思想。推动农村基层党组织和广大党员深入学习贯彻习近平新时代中国特色社会主义思想，教育引导广大党员切实增强“四个意识”，坚定“四个自信”，坚决维护习近平总书记在党中央、全党的核心地位，坚决维护党中央权威和集中统一领导，自觉在思想上、政治上、行动上同以习近平同志为核心的党中央保持高度一致。

一、学习贯彻习近平新时代中国特色社会主义思想

依托各级党校、示范培训基地，采取省、市示范培训，县里普遍轮训的办法，每年对农村基层党组织书记进行一次集中轮训，确保全覆盖。每个班次都要拿出1/3以上时间，原原本本学习，领会精神实质，在提高政治觉悟和履职能力上下功夫。结合党组织书记思想和工作实际，采取专题辅导、案例剖析、讨论交流、菜单选学等方式，让他们学有兴趣、学有所得。

二、扎实推进党员教育培训

推进“两学一做”学习教育常态化制度化，已经写入新党章，成为党员经常性教育的一项重要制度安排。突出学习贯彻习近平新时代中国特色社会主义思想和党的“十九大”精神、学习新党章，面向全体党员开展多形式、分层次、全覆盖的全员培训，教育引导广大党员自觉用习近平新时代中国特色社会主义思想武装头脑、指导实践、推动工作。

三、推动习近平新时代中国特色社会主义思想走进基层、走进群众

充分发挥基层党组织组织宣传群众的作用，加强基层宣传阵地建设，采取群众喜闻乐见的形式，推动习近平新时代中国特色社会主义思想进农村、到农户。积极学习借鉴一些地方探索开办新时代讲习所、农民夜校等做法，始终把习近平新时代中国特色社会主义

思想作为必讲内容，组织党员、带动群众学习，不断增进政治认同、理论认同、实践认同、情感认同。

第二节 大力推动抓党建促乡村振兴

2019 年中央一号文件提出，扎实推进抓党建促乡村振兴，突出政治功能，提升组织力，抓乡促村，把农村基层党组织建成坚强堡垒。重点要抓好以下几项工作。

一、在推动农村人居环境整治中发挥组织功能

2018 年 2 月，中共中央办公厅、国务院办公厅印发《农村人居环境整治三年行动方案》，强调“发挥好基层党组织核心作用，强化党员意识、标杆意识，带领人民群众推进移风易俗、改进生活方式、提高生活质量”。推动村党组织广泛宣传动员，推动村干部走进各家各户，做好统一思想工作。引导党员在完成治理生活垃圾、厕所粪污、生活污水，提升村容村貌等重点任务中发挥带头带动作用。组织群众人人出力、全面参与，引导村民讲卫生、除陋习，自觉养成健康文明的生活习惯。

二、为铲除黑恶势力滋生土壤提供坚强组织保证

习近平总书记强调，严惩横行乡里、欺压百姓的黑恶势力及充当保护伞的党员干部，廓清农村基层政治生态。按照中央统一部署要求，充分发挥基层党组织政治功能，组织发动群众积极参与扫黑除恶专项斗争，坚决同一切不良风气和违法犯罪行为作斗争。尤其针对城乡结合部、集贸市场、资源富集村等黑恶势力容易染指的地方，选好配强党组织书记，引导党员面对黑恶势力敢于发声、敢于亮剑，成为群众主心骨。在村“两委”换届选举中严格人选把关，坚决把涉黑涉恶不符合村干部条件的人挡在门外。会同政法部门加强政策指导和精准执行，防止出现偏差。对村干部，确属涉黑涉恶

的，要依纪依法严肃处理；也要防止把少数村干部的违纪问题、经济犯罪和一般刑事犯罪当成涉黑涉恶犯罪来对待。

三、在推进乡风文明中加强对群众的教育引导

推动基层党组织把农村道德建设抓在手上，以社会主义核心价值观为引领，发挥道德教化作用，弘扬优秀传统农耕文化，教育引导村民抵制各种陈规陋习，制止各种封建迷信活动，提高乡村社会文明程度，焕发乡村文明新气象。发挥好村级组织活动场所的阵地功能，组织好各类群众性文化活动。推动农村基层党组织增强政治意识、阵地意识和斗争精神，发挥党员先锋模范作用，更加注重补齐群众“精神短板”，更加关心关爱老弱病残、留守妇女儿童、困难群众等群体。

四、进一步强化党组织在乡村治理中的领导作用

习近平总书记强调，以党的领导统揽全局，创新村民自治的有效实现形式，推动社会治理和服务重心向基层下移。进一步理顺领导体制，加强村党组织对其他各类组织的领导，推动村党组织书记通过选举担任村委会主任，推动村党组织书记、党组织班子成员兼任或党员担任集体经济组织、农民合作组织负责人，提高村委会成员、村民代表中党员的比例。加强村党组织对服务群众资源的整合利用，上级提供给农村的公共服务和资金项目，应以村党组织为主渠道落实，好事让基层组织办，好人让基层干部做。

五、大力推进村党组织带头人队伍整体优化提升

习近平总书记强调，办好农村的事，要靠好的带头人，靠一个好的基层党组织。2019 年中央一号文件明确要求，实施农村带头人队伍整体优化提升行动。严格标准选人，坚持德才兼备，选那些思想政治素质好、道德品行好、带富能力强、协调能力强、愿意为群众服务的优秀党员担任村党组织书记。拓宽视野选人，注意从大学

生村干部、复员退伍军人、村医村教中培养选拔，从外出务工经商人员、本乡本土走出去的大学毕业生中回引，从机关事业单位退二线或退休的公职人员中回请。县委要抓在手上，乡镇党委要“下深水”，一个村一个村摸排，看看有哪些人可选、哪里有人可选，要有求贤若渴之心、三顾茅庐之诚，真正把优秀人才使用起来。把人选好后，还要强化教育培训、管理监督、激励保障，确保选得优、用得好、留得住。

六、推动发展壮大薄弱村空壳村集体经济

2019 年中央一号文件明确提出，发挥村党组织对集体经济组织的领导核心作用。省（自治区、直辖市）一级要制定发展村级集体经济的规划，组织部门要会同有关部门积极推进，研究支持措施，加强督促指导。以县为单位，一个村一个村分析研究，制订发展村级集体经济的实施方案，统筹整合资源力量，引导支农、扶贫、产业等各类项目资金投向村级集体经济项目，利用招商引资、重点项目等带强村级造血功能。推动村党组织把党员、群众和各方面力量组织起来，因地制宜发展壮大集体经济。同时加强监督管理，确保集体收益合理公开分配，防止“微腐败”问题发生。

第三节　深入推进抓党建促脱贫攻坚

到 2020 年如期打赢脱贫攻坚战，是我们党的庄严承诺。习近平总书记指出，这在中华民族几千年历史发展上将是首次整体消除绝对贫困现象，让我们一起来完成这项对中华民族、对整个人类都具有重大意义的伟业。习近平总书记对脱贫攻坚念兹在兹，亲自挂帅、亲自出征，2018 年春节前深入四川凉山看望慰问贫困群众，在成都召开座谈会并发表重要讲话，对坚决打好精准脱贫攻坚战再次下达作战令、动员令。要在继续落实抓党建促脱贫攻坚已有文件措施的基础上，坚持问题导向，采取有力举措，精准、具体、有效地为打

赢脱贫攻坚战作贡献。

一、选好配强贫困村党组织书记

习近平总书记强调，打造一支高素质农村基层党组织带头人队伍。从实际情况看，仍然有一些村带头人不强，特别是贫困发生率超过20%的贫困村，配强党组织书记尤为迫切和关键。各地要以县为单位，逐村摸排、分析研判，制订工作方案，坚决撤换不胜任、不合格、不尽职的贫困村党组织书记，本村没有合适人选的，从县乡机关公职人员中派任。省（自治区、直辖市）党委组织部要对县一级的方案审核把关。建立健全回引本土大学生、高校定向培养、县乡统筹招聘机制，为每个贫困村储备1~2名村级后备干部。

二、充分发挥第一书记的作用

2019年中央一号文件明确要求，建立选派第一书记工作长效机制，全面向贫困村、软弱涣散村和集体经济薄弱村党组织派出第一书记。从县以上党政机关选派工作骨干到村任第一书记，省市县党委组织部对本级选派的第一书记备案管理，登记在册、抓到人头。县委组织部和乡镇党委要分别明确专人负责，加强第一书记日常管理；派出单位要加强跟踪管理、定期到村指导，严格落实项目、资金、责任“三个捆绑”的要求；省（自治区、直辖市）党委组织部每年至少开展一次对第一书记履职情况检查。通过开展扶贫领域作风问题专项治理，为第一书记解套松绑，确保其主要精力投入一线工作中。树立鲜明导向，对优秀的第一书记宣传表彰、提拔使用，对不胜任的第一书记及时“召回”调整。

三、持续整顿贫困村软弱涣散党组织

2019年中央一号文件明确提出，持续整顿贫困村软弱涣散党组织。县乡党委要重点针对带领致富能力不强、组织动员力弱，办事不公、管理混乱，组织生活不正常，宗族宗教宗派和黑恶势力干扰渗透等问题，精准整顿，限期提升。包村部门、第一书记和驻村工作队，要把整顿工作作为一项重要任务，不提升不脱钩。各地要动真格、下狠劲，不断提升贫困村党组织建设水平。

四、发挥党员先锋模范作用

一方面，推动党员带头致富、带领致富。一些地方通过“红色信贷”、设立党员创业帮扶资金等方式，支持党员创业；还有一些地方通过党员带头成立专业合作社，带动贫困户入股。要总结推广这些经验，让党员行动起来，把贫困户带动起来。另一方面，把党员培养成致富能手，把致富能手培养成党员。通过党员冬春轮训、实用技术培训等途径，帮助党员提升创业致富能力。每个贫困村每两年至少发展1名年轻党员，不断补充新鲜血液。

五、加强对脱贫攻坚一线干部的关爱激励

对脱贫攻坚中工作出色、表现优秀的干部，要注重提拔使用。大力选树优秀党组织书记、第一书记、优秀党员、扶贫干部的先进典型，加强表彰和宣传，激励引导广大干部群众跟着学、照着做、比着干。落实好县乡干部津补贴、周转房等政策，改善工作条件。对在脱贫攻坚中因公牺牲的干部和基层党员的家属及时给予抚恤，建立长期帮扶慰问制度并明确专人负责落实。通过真情关心爱护，让有为者有位、吃苦者吃香、流汗流血牺牲者留芳。

第四节　强化农村基层党建责任落实

习近平总书记指出，党管农村工作是我们的传统，这个传统不能丢。抓实农村基层党建工作，必须抓住基层党建责任制这个“牛鼻子”，既要注重省市县乡四级联动，又要强化县委一线指挥部作用和乡镇党委龙头作用，以党委书记带头抓、主动抓、深入抓，一级一级传导动力、一级一级压实责任，推动农村基层党建各项任务落

地落实。

一、强化各级党委责任

省市县党委要把抓好农村基层党建作为分内职责，搞好谋划、加强指导，定期研究有关重要问题，完善组织建设、队伍建设、制度建设、工作保障等方面的政策措施。尤其是县级党委要发挥“一线指挥部”作用，统筹抓好选优配强带头人、整治软弱涣散村党组织、发展壮大薄弱村空壳村集体经济等重点任务的组织实施。各级党委书记要认真落实习近平总书记倡导的“三个走遍”，省委书记带头走遍所有县，市委书记走遍全市各乡镇，县委书记走遍各行政村，同时在乡镇层面推行“走村不漏户、户户见干部”，乡镇党委书记任期内走遍自然村和困难户。将抓农村基层党建作为市县乡党委书记述职评议考核重点内容，对农村基层党建重视不够、问题突出的地方，上级党组织要及时约谈提醒相关责任人，后果严重的要问责追责。

二、深入推动抓乡促村

乡镇是最基层的政权组织，乡镇党委是农村基层组织建设的“龙头”。要配强乡镇党委领导班子，特别是选好党委书记。充实乡镇党务力量，乡镇党委组织委员专职专岗专责抓党务，推行设立乡镇党建办公室或党建工作站，配备专职党务工作人员。推动乡镇干部做到岗位在村、阵地在村、责任在村，促使乡镇党委书记和班子成员沉下去、深下去，摸村情、察民意，落实好分片包村、入户走访、在村服务制度，把党的路线方针政策宣传到村，把思想政治工作开展到户，把各项惠民政策落实到人，使乡镇党委“龙头”舞起来。

三、强化基层基础保障

习近平总书记指出，要建立稳定的村级组织运转和基本公共服务经费保障制度，提高农村基层干部报酬待遇和社会保障水平。督促各地认真落实中共中央组织部、财政部《关于加强村级组织运转经费保障工作的通知》，各级地方财政把村级组织运转经费补助资金列入财政预算，省市两级财政进一步加大资金投入，县级财政抓好落实，建立健全村级组织运转经费保障机制，确保村级组织有效履行职能。督促各省（自治区、直辖市）对村级组织运转经费没有达标的县，按照不低于当地农村居民人均可支配收入两倍标准落实村党组织书记基本报酬，全面落实村办公经费、正常离任村干部生活补贴、村级公共服务维护支出、村民小组长误工补贴，建好管好用好村级组织活动场所。

第十八章　建设法治乡村

全面依法治国，是新时代坚持和发展中国特色社会主义基本方略的重要内容。法治乡村必须紧跟时代、与时俱进，在推进新时代“三农”工作、实施乡村振兴战略等方面发挥保障和推动作用。

第一节　充分认识建设法治乡村的重要意义

建设法治乡村是推动全面依法治国的必然要求。“国无常强，无常弱。奉法者强则国强，奉法者弱则国弱。”在中国特色社会主义新时代，坚持不懈深化依法治国实践，对建设富强民主文明、和谐美丽的社会主义现代化国家具有重要意义。建设法治乡村，把乡村各项工作纳入法治化轨道，坚持在法治轨道上统筹社会力量、平衡社会利益、调节社会关系、规范社会行为，是确保乡村既生机勃勃又井然有序的重要保障，是深化全面依法治国的必然要求。

建设法治乡村是实施乡村振兴战略的必然要求。党的“十八大”以来，以习近平同志为核心的党中央坚持把解决好“三农”问题作为全党工作重中之重，我国农业农村发展取得历史性成就、发生历史性变革。这些成就和变革，不仅为经济社会持续健康发展提供了坚实支撑，也为实施乡村振兴战略奠定了扎实基础。振兴乡村，需要加强法治建设，一方面，需要充分发挥法治的保障作用，及时将实践中行之有效的经验和做法上升为法律制度，以法的明确性、稳定性和强制力更好地规范和促进农业农村发展；另一方面，需要充分发挥法治的引领和推动作用，将法治作为深化改革、促进发展的基本方式和重要举措，通过制度供给、制度创新等方式为农业农村发展提供动力。

建设法治乡村是完善乡村治理的必然要求。乡村治理是国家治理的重要组成部分。与改革初期农村社会各方利益总体一致、冲突相比不大，当前的农村社会利益取向多元、利益冲突增多。面对农村利益格局变化的新形势，法治作为调节利益分配、化解社会矛盾的基本方式，应当加强建设，从制度上理顺各种利益关系、平衡不同利益诉求，以充分发挥法治定纷止争的作用，增加农村社会和谐因素，提高乡村治理水平。

第二节　准确把握法治乡村的重点任务

农业农村是依法治国的重要领域。改革开放以来，按照中央要求，我国法治乡村建设取得了巨大成就。法律法规日益完善，农业农村法治总体有法可依。依法行政全面推进，各地各部门依法护农兴农的能力不断提高。法治宣传教育深入开展，干部群众依法办事、依法维权的习惯初步形成。在新的历史起点上，农业农村进入依法治理新阶段，法治乡村的地位作用更加重要。

一、完善法律规范体系，强化法律权威地位

有法可依是法治乡村的前提和基础。党中央、国务院高度重视“三农”立法工作，立法机关将“三农”法律制度建设作为重点工作加以推进，目前基本上建立起了以农业法为基础、以专门农业立法为主干、以相关立法涉农条款为补充的比较完善的法律体系，主要包括：为保障农业在国民经济中的基础地位制定了农业法；为完善农业生产经营体制制定了农村土地承包法、农民专业合作社法等法律行政法规；为加强农业资源管理和保护制定了土地管理法、森林法、草原法、渔业法、取水许可和水资源费征收管理条例、退耕还林条例等法律行政法规；为促进农业科研成果和实用技术应用制

定了农业技术推广法、农业机械化促进法、植物新品种保护条例等法律行政法规；为保障农产品质量安全制定了农产品质量安全法、乳品质量安全监督管理条例等法律行政法规；为加强农业环境保护制定了环境保护法、建设项目环境保护管理条例等法律行政法规；为预防和减少农业灾害，制定了动物防疫法、草原防火条例等法律行政法规；为加强农村治理和有效化解矛盾，制定了村民委员会组织法、农村土地承包经营纠纷调解仲裁法等法律行政法规。除这些规范农业领域的专门法律行政法规外，还有教育法、社会保险法等法律行政法规中的部分条款对“三农”问题也作出了规定。

虽然“三农”立法取得了显著成绩，主要领域也基本做到了有法可依，但是与中央对新时代“三农”工作的新要求相比，与农业农村的丰富实践相比，“三农”立法需要进一步修改完善，以增强法律法规的及时性、系统性、针对性、有效性，不断提高法律在维护农民权益、规范市场运行、农业支持保护、生态环境治理、化解农村社会矛盾等方面的权威地位。当前，立法的重点任务是要根据中央精神，做好实施乡村振兴战略的立法工作，对土地管理法、农村土地承包法等进行修改完善。

二、提高基层干部依法办事能力，完善矛盾预防化解机制

习近平总书记提出，“各级领导干部要提高运用法治思维和法治方式深化改革、推动发展、化解矛盾、维护稳定能力，努力推动形成办事依法、遇事找法、解决问题用法、化解矛盾靠法的良好法治环境，在法治轨道上推动各项工作”。基层干部直接与人民群众面对面地发生具体行政行为，基层干部能否依法行政、依法办事，直接影响法律在人民群众中的威信，影响人民群众对乡村法治建设的信心。目前，个别基层干部不学法、不懂法、不用法，甚至徇私枉法的现象还存在。在碰到诸如农村社会治安、土地征收、房屋拆迁、食品安全、民间纠纷等热点难点问题时，还习惯于用“老路子”“土办法”去解决，甚至“卖关子”“送人情”，以权代法、以言代法、

以情代法，损害了人民群众利益、导致社会矛盾增加，影响了乡村社会和谐稳定。2019年中央一号文件提出，“增强基层干部法治观念、法治为民意识，将政府涉农各项工作纳入法治化轨道”。这是党中央根据乡村法治形势，对基层党组织和党员干部提出的要求，具有很强的指导性和针对性。

基层干部特别是领导干部要充分认识依法办事的重要性，着力强化依法决策、依法行政的意识，真正把依法办事作为行动自觉和行为准则，切实提高依法办事的能力。一是积极培育和树立法律意识和法律信仰。认真学习《中共中央关于全面推进依法治国若干重大问题的决定》《法治政府建设实施纲要（2015—2020年）》等决策部署，学习掌握中国特色社会主义法律体系，自觉运用法治思维和法治方式推进各项工作。二是坚持依法决策、科学决策。在制订出台政策措施、组织实施项目、安排部署工作时，要对是否合法合规进行论证，确保重要决策和改革措施符合法律法规的规定。要加强决策风险评估，创新群众参与方式，充分利用公开征求意见、召开听证会等方式，广泛听取群众意见，集中民智、汇聚民意，增强决策的科学性、可行性和有效性。三是完善农村矛盾纠纷预防化解机制。要加强源头治理、动态管理，建立健全乡村调解、县市仲裁、司法保障的农村土地承包经营纠纷调处机制，提前预防和主动化解矛盾纠纷。拓宽农村社情民意表达渠道，引导农民群众通过合法渠道解决争议和纠纷，力争将纠纷解决在初发阶段、将矛盾化解在基层。四是深入推进公正廉洁执法。切实规范执法行为，强化执法监督，严格落实执法责任，增强执法公信力。

三、推动综合执法，充实基层执法力量

科学划分执法权限、合理配置执法力量，是完善执法体制、提高监管效能的基础。目前执法队伍多、力量分散、执法重复等问题在一些地方不同程度地存在，群众戏言“大盖帽漫天飞”，重复检查和处罚加重了群众负担。对此，要深入推进综合行政执法改革向基

层延伸，推动执法队伍整合，创新监管方式。同时，行政执法是基层政府的基本职责，监管领域多、政策性强、敏感度高，情况复杂难度大，要按照执法重心和执法力量下移的要求，充实加强基层一线执法力量，科学配置人员，保证重点领域执法需要，提高整体执法效能。

四、加大乡村普法力度，健全法律服务体系

在有亿万农民的发展中大国，实现人人尊法、信法、守法，是一项长期而艰巨的历史任务。在普法方面，目前一些地方存在着“上层培训多、基层培训少”“面向干部培训多、面向群众培训少”“一般性法律培训多、专业性法律培训少”“造势型普法多、深入式普法少”等问题。要按照党的十九大部署，深入开展乡村普法工作，真正把法律交给农民，让法治走进百姓心田。要创新普法工作方式方法，充分利用街区等场所建立法治文化阵地，广泛开展法律进乡村活动，努力提高法治在乡村的社会影响力。要大力宣传基层法治建设中的先进典型，通过各种形式交流好经验、好做法，不断提升农民法治素养。同时，要有效推动法律服务向乡村延伸，健全完善基层法律服务制度，规范基层法律服务执业行为，不断扩大法律援助范围，完善法律援助方式，方便群众获得法律服务和法律援助。

第三节　切实做好法治乡村建设的各项工作

党中央关于乡村振兴的大政方针已经明确，对各方面工作进行了明确部署。接下来就是要真刀真枪地干起来，把党中央的战略部署落到实处，把宏伟蓝图一步一步变成现实。应当看到，与党中央全面推进依法治国的要求相比，与农业农村改革发展稳定的需求相比，建设法治乡村的任务还很重。

要进一步完善法律制度，使法律法规准确反映农业农村经济社会发展要求，更好协调利益关系，立得住、行得通、用得上。深化

行政执法体制改革，加强乡村执法规范化建设。提高党员干部运用法治思维和法治方式深化改革、推动发展、化解矛盾、维护稳定的能力和水平。采取农民群众喜闻乐见的方式开展普法宣传工作，要健全农村公共法律服务体系，不断增强农民群众学法、尊法、守法、用法的意识和能力。

第十九章　提升乡村德治水平

法安天下，德润人心。法律是成文的道德，道德是内心的法律。“为政以德，譬如北辰，居其所，而众星共之。”习近平总书记指出，要加强乡村道德建设，深入挖掘乡村熟人社会蕴含的道德规范，结合时代要求进行创新，强化道德教化作用，引导农民爱党爱国、向上向善、孝老爱亲、重义守信、勤俭持家。要培育富有地方特色和时代精神的新乡贤文化，发挥其在乡村治理中的积极作用。

第一节　强化道德教化作用

“道之以德，齐之以礼，有耻且格。”立德修身，依礼而行，是群众将社会规则内化于心、外化于行的过程，是构建和谐社会的深层基础。我国的乡村秩序比较稳定，与我国的讲德讲礼的文化传统有着密切关系。把中华传统的特色文化基因用好了，乡村治理就有了人文根基。

改革开放以来，市场意识、竞争意识、创新意识、开放意识、效益观念、科技观念、法治观念、环保观念等现代思想观念日益为农民所接受，对农业农村发展带来的影响越来越深入。与此同时，一些消极、落后的因素也在进入农村，个人主义、自由主义、享乐主义、拜金主义在农村潜移默化，不少地区农村社会的道德明显滑坡。提供乡村德治水平，面临的形势和任务相当艰巨。

要以培育和践行社会主义核心价值观为引领，深入挖掘“修身齐家治国平天下”的德治思想和“以礼为秩”的礼治传统，并与

“富强、民主、文明、和谐，自由、平等、公正、法治，爱国、敬业、诚信、友善”的价值观念有机结合和创新，因地因村制宜建立农民群众认同、心口相传和共同遵守的道德规范体系。

道德规范不是摆设，要突出有形具体，增强农民群众的认同感、归属感、责任感和荣誉感。作为村里的“小宪法”，村规民约能够管到“法律够不着，道德管不住”的实际问题。要将社会公德、职业道德、家庭美德、个人品德规范充分体现到村规民约之中，不断强化教育引导作用，不断加强情感认同，不断沉淀公序良俗。充分利用各类爱国主义教育基地和乡村自身道德文化资源，努力通过形象化、可感知的方式，增强道德教化的感染力和吸引力。以相互关爱、服务社会为主题，围绕扶贫济困、应急救援、大型活动、环境保护等方面，围绕空巢老人、留守妇女儿童、困难职工、残疾人等群体，组织开展深化学雷锋志愿服务活动及各类形式的志愿服务活动，形成“我为人人、人人为我”的社会风气。新乡贤与当地农民有着深厚的渊源和紧密联系，他们在乡村德治中具有引领和带动作用。要培育富有地方特色和时代精神的新乡贤文化，发挥其在道德建设中的模范作用。

第二节　建立道德激励约束机制

推动乡村德治，既要注重正面褒奖，又要强化反面警示，对失德违德者进行惩戒，激励引导农村居民群众见贤思齐、崇德向善。要突出破立并举，在强烈对比中修德弘德。

总结各地成功做法和经验，广泛建设“道德银行”“爱心超市”等平台，将道德建设从一般口号落实到可见可感可得实惠的实际操作层面，让树德立德者具有成就感、获得感，让崇德守德者在精神和物质上都得到肯定，充分激发群众参与道德建设的内生动力。通过群众说事、乡贤论理、榜上亮德、帮教转化，让群众评议群众、让群众教育群众，促进群众自我教育、自我管理。推动建立村事家事的评议机制，发挥村民议事会、道德评议会、红白理事会、禁毒禁赌会等群众组织作用，建好用好“红黑榜”平台，对正能量典型予以张榜通报表扬，对违德失德行为予以批评教育。通过评议评选、曝光教育、表彰奖励激发先进、树立典型的形式，形成浓厚的德治氛围。

诚信建设是道德建设的重要促进力量。要以信用户、信用村建设为切入点，丰富信用建设内容，强化农民群众的规则意识、信用意识、责任意识，助推形成淳朴民风、良好家风，助推形成修身律己、诚信守约的道德风尚。

第三节　弘扬真善美

榜样的力量是无穷的。道德模范和身边好人是推动乡村德治的重要旗帜，是美丽乡村社会风尚的引领者。学习先进典型，弘扬时代精神，身边人、身边事最有说服力，也最有感召力。乡村是中华传统美德的守护地，每天都有大量感人的事件在发生。把这些真实事件挖掘出来，传播开来，就能让真善美弘扬起来。

构建符合各地农村实际的荣誉体系，引导农民群众在学有标杆中修德弘德。开展文明乡村、文明家庭创建活动，选树一批文明村镇和星级文明户。广泛开展好媳妇、好儿女、好公婆等评选表彰活动，开展寻找最美乡村教师、医生、村干部、家庭等活动，通过身边人、身边事弘扬真善美，传播正能量。

第二十章 建设平安乡村

以习近平同志为核心的党中央进一步深化了对平安建设的认识，先进理念、科学态度、专业方法、精细标准加快融入各项工作，社会综合治理的系统化、科学化、智能化、法治化迅速提高，治理效能显著提升。习近平总书记指出，平安是老百姓解决温饱后的第一需求，是极重要的民生，也是最基本的发展环境。要按照2019年中央一号文件的部署要求，建设平安乡村。

第一节 完善农村治安防控体系

健全完善农村地区人防、物防、技防结合的立体化社会治安防控体系，已成为建设平安乡村的当务之急。为适应形势需求，2015年4月13日，中共中央办公厅、国务院办公厅印发了《关于加强社会治安防控体系建设的意见》，明确提出了要加强乡镇（街道）和村（社区）治安防控网建设，对加强包括"一个中心""一个载体""一项工程""一支队伍"的"四个一"建设作出了具体部署。

"一个中心"就是县乡村三级综治中心。近年来各地按照中央要求纷纷推进县乡村三级综治中心建设，都着眼强化实战功能，注重解决实际问题，通过整合政法、人社、民政等各部门资源各方面力量，有效实现了矛盾纠纷联调、社会治安联防、重点工作联动、治安突出问题联治、服务管理联抓、基层平安联创，综治中心已成为基层平安建设的桥头堡。目前全国县乡村三级综治中心覆盖率已达到96%。为了加强规范化建设与科学管理，2016年9月30日，国家质检总局、国家标准委发布《社会治安综合治理综治中心建设与管理规范》（GB/T 33200—2016），该规范于2017年1月1日正式实施。这是我国社会治安综合治理工作的一项国家标准，将为综治中心的可持续发展提供重要支撑和保障。

“一个载体”就是网格化服务管理。基础不牢、地动山摇。只有夯实基层基础，才能筑牢平安根基。网格化服务管理，是把管理区域按一定范围、人口、户数及楼宇数量，划分为若干网格状单元，相应定员定岗配置服务管理人员（即网格员），每个网格员对自己管理的网格内的人、地、物、事、组织等基本治安要素进行动态化管理，依托数字管理信息系统提高效率，并提供精细化、个性化服务，从而做到信息掌握到位、矛盾化解到位、治安防控到位、便民服务到位。实行网格化服务管理后，网格员走访入户常态化，发现村中的不稳定因素，及时录入社区网格化信息服务系统平台上，网格管理员可以通过平台，了解到各个网格里面有什么事情发生，并在第一时间协调解决，解决不了的随时上报，由上一级的综治中心负责解决。各级网格在综治中心的统一指挥下开展工作，及时有效地落实信息收集、矛盾排查化解、治安防范、管理服务等各项综治措施，从而把矛盾真正化解在基层、化解在萌芽状态。推行网格化工作后，网格员成了纠纷调解的“及时雨”，在“家门口”解决纠纷，既维护了当事人良好的人际关系，又避免了邻里之间的矛盾扩大，真正体现了“以和为贵”，深受群众欢迎。社会治安防控体系建设的重点在基层，难点在基层，希望也在基层。抓住了网格化服务管理这把“金钥匙”，社会治理的基础就牢不可破。

“一项工程”就是“雪亮工程”，全称为公共视频监控建设联网应用工程。目前，“雪亮工程”建设已纳入国家“十三五”规划和国家安全保障能力建设规划，各地特别是农村的“雪亮工程”建设将迎来一次大发展的机遇。“雪亮工程”不仅是一项科技工程，更是群众性的民安工程、民心工程；不仅为群防群治注入新的内涵，而且能够增强群众对社会治安的认同感和主体责任感，有效解决群众安全感满意度“最后一公里”的问题。随着信息资源深度整合应用，“雪亮工程”乃至整个社会治安防控信息化都将纳入智慧城市建设总体规划，新一代互联网、物联网、大数据、云计算和智能传感、遥感、卫星定位、地理信息系统等新技术将来都会派上用场，广大农村的公共安全管理将逐步实现数字化、网络化和智能化。

“一支队伍”就是社会治安防控队伍。这里既包括以公安为主的专业打击力量，也包括各种群防群治力量。在专业队伍建设方面，近年来各地都在整合职能、优化结构、调整布局，推动警力下沉，着力解决农村警力不足的问题。警力有限、民力无穷。要实现广大农村的平安和谐，必须激发群众的力量，只有群众广泛参与才能为社会治安防控体系建设注入源源不断的动力。各地群防群治的生动实践，让公安机关有了“千里眼”“顺风耳”，推动着平安建设，也让群众更有安全感。群防群治，已经成为社会治安防控体系建设的法宝。

第二节 落实综治领导责任制

平安乡村连着千家万户，牵动着民心。但平安不会随着经济发展自然而然地到来，前些年天津港发生特别重大火灾爆炸事故、广东深圳光明新区发生特别重大滑坡事故，这些事故并不是发生在经济欠发达地区，是一个惨痛教训。所以在发展经济的同时，必须花深功夫、下大力气抓平安建设，否则发展的成果就不稳固，甚至会一夜之间化为乌有。近年来，通过深化平安建设，人民群众的安全感、满意度在不断攀升，但仍有一些地方社会治安状况群众不满意，必须有硬举措。

2016 年 3 月，中共中央办公厅、国务院办公厅出台了《健全落实社会治安综合治理领导责任制规定》，虽然篇幅不长，但最大亮点是具有非常强的科学性、可操作性及约束力。规定中划出了几条硬杠杠，设定了硬程序。特别是分台阶实施通报、约谈、挂牌督办等方式，解决了一票否决权制实施难的问题，用真通报、真约谈、真督办、真问责解决整改落实难的问题。

通过有效落实领导责任制，形成了一级抓一级、层层抓落实的良好局面，推进了社会治安综合治理和平安建设各项措施的落实。各地实践表明，凡是社会治安综合治理领导责任制落实到位的地方，一定是矛盾纠纷少、社会和谐稳定的地方；相反，凡是社会治安综合治理领导责任制落实不到位的地方，往往都是社会治安问题突出、群众有怨言的地方。因此，建设平安乡村，必须始终把综治领导责任制抓在手上，这不是权宜之计，而是治本之策。

第三节　开展扫黑除恶专项斗争

经过多年的打击整治，黑恶势力近年来虽得到遏制，但还大量存在，活动逐渐趋于隐蔽，组织形态、攫取利益的方式也在发生改变，很多往往披着合法外衣，隐蔽性更强。2018 年 1 月，中央下发《中共中央国务院关于开展扫黑除恶专项斗争的通知》（以下简称《通知》），决定在全国开展扫黑除恶专项斗争。《通知》强调，专项斗争要把打击黑恶势力犯罪和反腐败、基层“拍蝇”结合起来，把扫黑除恶和加强基层组织建设结合起来，深挖黑恶势力“保护伞”。“对涉黑涉恶问题尤其是群众反映强烈的大案要案，要有坚决的态度，无论涉及谁，都要一查到底，特别是要查清其背后的‘保护伞’，坚决依法查办，毫不含糊”，实现中央政令自上而下的畅通，构建一个自上而下的清明政治生态。

第四节　深化农村安全隐患治理

广大农村公共安全隐患仍较突出，导致农村安全事故时有发生，主要表现为枯井、河塘等农村公共领域安全事故频发，农村自建房、道路交通、电力能源、冬季取暖安全问题较多，农村自办宴席卫生安全、部分农村饮水安全得不到保障等。农村已成为公共安全风险的重要源头。

本着谁建设、谁管理、谁维护的原则，近年来各地加大了隐患排查力度，组织相关部门深入农村，对危桥、农用机井、村庄坑塘、河道、饮水安全、农村安全用电、农村危房及公共设施等进行全面排查治理，该管的管，该修的修，该废弃停用的就在保证安全的情况下拆除填埋，防止其成为安全隐患。一些地方完善落实安全预防预警措施和突发事件应急预案，健全应急协调机制，一旦发生突发事件和重要紧急情况，迅速启动应急预案妥善应对处置。

第五节　打击农村非法宗教活动

我国实行宗教信仰自由政策，允许民众有正当的宗教信仰。但近年来，非法宗教活动在农村迅猛发展，开始在许多地区干预村庄公共事务。农村非法宗教活动问题与社会转型导致的农村治理困境、伦理危机、价值失落、精神空虚等一系列问题都有关联。但更重要的是，一些地方的基层组织在农村社会巨大变革过程中，逐渐弱化了服务管理功能，导致非法宗教乘虚而入，影响并支配着农民。

治理农村非法宗教活动，不仅要通过打击整治指标，更重要的是要建立治本的机制，从根本上消除土壤。要加强党在农村的组织建设，增强党在基层的凝聚力和向心力，让农民群众跟着党走。要强化民生保障，加大公共服务的投入，注重解决农民的实际困难，消除他们的心理焦虑，为农民提供一个健康舒适、安居乐业的环境。有了“抗体”，才能起到治本的效果。

第二十一章　优先发展农村教育事业

让亿万农民生活得更美好，是实施乡村振兴战略的出发点和落脚点。2019年中央一号文件专门提出优先发展农村教育事业，放在了各项农村民生保障措施的首位，充分体现了优先发展、优先保障的政策导向。

第一节　农村教育事业发展成效显著

近年来，党中央、国务院高度重视农村教育事业发展，始终把农村教育作为优先领域，促进公共教育资源向农村倾斜，推进城乡基本公共教育服务均等化，取得了显著成效。

一、农村学校办学条件显著改善

2013年启动实施了全面改善贫困地区农村义务教育薄弱学校基本办学条件工作，中央财政累计投入专项资金1 620亿元，带动地方投入3 000多亿元，832个贫困县已提前完成建设任务。连续实施了三期学前教育行动计划，重点建设农村学前教育服务网络，2017年全国学前三年毛入园率达79.6%。

二、农村教师队伍素质稳步提升

实施乡村教师支持计划，努力造就一支素质优良、甘于奉献、扎根农村的教师队伍。党的十八大以来，“特岗计划”累计招聘35.5万余名特岗教师，覆盖中西部3万多所农村学校。全国28个省份实施地方师范生公费教育政策，每年吸引 4.1 万名高校毕业生到农村中小学任教。

三、农村学生营养状况保障到位

出台了《国家贫困地区儿童发展规划（2014—2020 年）》，对儿童的健康、营养和教育实施全过程的保障和干预。实施了农村义务教育学生营养改善计划，覆盖全国 1 596个县、14 万所农村学校、3 700多万名学生，学生营养健康状况得到显著改善，身体素质得到明显提升。

四、贫困学生资助政策全面覆盖

学前教育对家庭经济困难儿童、孤儿和残疾儿童予以资助，义务教育实施“两免一补”政策，普通高中率先免除建档立卡等家庭经济困难学生学杂费，中等职业教育对所有农村学生、城市涉农专业学生和家庭经济困难学生免除学费，高中阶段教育设立国家助学金，高等教育实施国家奖助学金、国家助学贷款、勤工助学、学费减免等多种资助方式，构建了覆盖全学段的资助政策体系。

五、面向农村职业教育快速发展

以国家级农村职业教育与成人教育示范县创建新型职业农民培养培训为抓手，加快推进涉农职业教育教学改革，提升职业院校办学水平，推动涉农职业教育人才培养模式创新。实施职业教育东西协作行动，学历教育和技能培训双管齐下，帮助建档立卡贫困学生实现就业脱贫，2017 年跨省招生 30 余万人。

六、农村学生入学机会稳步增加

2012 年以来陆续启动实施重点高校招收农村和贫困地区学生的国家、地方和高校三个专项计划，年度招生规模从 1 万人逐年增至

2017年的9.6万人，年均增长57%，累计录取学生37万人，初步形成了保障农村和贫困地区学生上重点高校的长效机制。

第二节　农村教育仍是教育事业发展的薄弱环节

虽然农村教育发展取得了明显进展，但长期以来受城乡二元结构的影响，我国农村教育仍然相对落后。

一、基础条件差，教育发展较为薄弱

农村教育欠账多，多项办学条件指标与全国平均水平仍有差距，一些农村学校教学仪器设备、器材和图书没有达到国家标准，寄宿制学校宿舍、食堂、浴室等生活设施不足。

二、农村教师整体素质不高，成为制约教育质量提升的主要瓶颈

农村教师工作任务较重、生活条件艰苦、培训机会较少，优秀教师“下不去、留不住”。农村教师性别、年龄、学科结构不合理，结构性缺编突出，“教不好”的问题依然存在。

三、城镇化快速推进，合理布局教育资源难度大

城镇化、工业化引发了大规模人口流动，一些地方出现了农村学校“空心化”和城镇学校“大班额”矛盾叠加的现象。

四、控辍保学任务重，特殊群体教育保障仍需加强

受办学条件、地理环境、家庭经济状况和思想观念等多种因素影响，农村仍不同程度存在失学辍学现象，流动和留守儿童失学辍学、初中学生辍学等问题仍然较为突出。

第三节　努力让每个农村孩子都能享有公平而有质量的教育

实施乡村振兴战略，为农村教育带来了新的发展机遇，也提出了新的发展任务。教育关乎乡村振兴的根本，要以习近平新时代中国特色社会主义思想为指导，按照产业兴旺、生态宜居、乡风文明、治理有效、生活富裕的总体要求，紧紧围绕振兴乡村教育和教育振兴乡村两方面任务，切实把握乡村教育振兴的全面性、长远性和差异性。要针对当前农村教育发展的关键领域和薄弱环节，加大城乡教育资源均衡配置力度，继续把教育发展的重点放在农村，逐步建立健全全民覆盖、普惠共享、城乡一体的基本公共教育服务体系，努力让每个农村孩子都能享有公平而有质量的教育。

一、兜底线，保障每一个农村孩子都有学上

实现每个农村孩子“幼有所育”“学有所教”是我们的工作目标，要不断提高各级各类教育的普及程度，给农村孩子提供更便利、更多样、更高层次的教育机会。推动建立以城带乡、整体推进、城乡一体、均衡发展的义务教育发展机制。建立健全农村留守儿童关爱服务体系，全面改善农村寄宿制学校条件，加强寄宿制学校管理，解决留守儿童教育支持、亲情关怀、生活照顾、家庭教育和安全保护等方面的问题。实施特殊教育提升计划，通过扩大特殊教育学校招生规模、加大普通学校随班就读和特教班工作力度、组织开展送教上门服务等多种形式，提高残疾儿童少年义务教育普及水平。实施高中阶段教育普及攻坚计划，加强教育基础薄弱县普通高中建设，提高高中阶段教育普及水平。大力发展面向农村的职业教育，使未能升入普通高中的农村初中毕业生能接受中等职业教育。加强东西部职业教育协作，加大城市支援农村力度，使中西部农村青少年到东部或城市接受职业教育，提高就业创业能力。

二、保基本，使每一所农村学校都达到基本办学条件

农村教育在我国整个教育事业中占有较大的比重。只有尽快提高农村教育水平，才能促进教育整体水平提升，为每个人的健康成长奠定基础。要配齐教学设施，保证教室符合抗震、消防安全要求，每名学生有合格的课桌椅，配备必要的教学仪器和图书，因地制宜建设运动场，保障学生的锻炼和活动空间。要配齐生活设施，每名寄宿学生有一个标准床位，配备必要的洗浴设施、食堂或伙房满足学生就餐需要，确保学生饮水安全，北方和高寒地区学校有冬季取暖设施。要加强乡村小规模学校建设，对学生规模不足100人的村小学和教学点，按100人的标准核定公用经费，配备相应的教学生活设施，确保正常运转。要加快发展农村学前教育，完善乡村学前教育公共服务网络，提高幼儿园保育教育质量。要加强乡村教师队伍建设，加快培养符合乡镇以下学校实际需要的小学“全科教师”和初中一专多能教师，优先安排公费师范生和“特岗”教师到教学点任教。深入实施义务教育教师“县管校聘”改革，统筹城乡师资配置并向乡村学校倾斜，切实解决乡村教师结构性缺员问题。统筹配置城乡教师资源，通过稳步提高待遇等措施，增强乡村教师岗位吸引力和自豪感。

三、上水平，扩大优质教育资源覆盖面

不仅要给农村孩子提供上学的机会，还要为他们提供更加优质的教育，让每一个学生都能学有所成。要推进义务教育均衡发展，发挥优质学校的辐射带动作用，通过组建教育集团、托管、培训和结对子等形式，支持带动农村薄弱学校。推动扩大教师交流的范围，鼓励优秀的校长和教师到农村薄弱学校任职任教。加强督导评估，以解决城乡义务教育学校校际差距为重点，督促和引导各地推进义务教育学校标准化建设，均衡配置教育资源。要加快推进教育信息化，以较低的成本将优质教育资源数字化，便捷高效地向农村和边

远地区扩散。加强乡村学校信息化基础设施建设，推进“同步课堂”“专递课堂”和全国及区域性优质数字教育资源共享平台的普及开放等服务，让乡村的每一所学校都能共享优质教育资源，让农村孩子也和城市的孩子一样，能够听到最优秀的老师讲课，能够学到最先进的知识。继续实施支援中西部地区招生协作计划和农村贫困地区定向招生专项计划，将更多优质高等教育资源惠及农村学生。

四、强保障，为成长成才创造良好条件

坚持因人施策，为每一个农村孩子提供适宜的教育和发展道路，采取各种资助措施帮助家庭经济困难学生完成学业，让每个孩子都能成长成才。要优化教育支出结构，加大农村教育投入，提高经费使用效益，逐步实现城乡基本公共教育服务均等化。要不断完善学生资助政策，形成覆盖学前教育到研究生教育家庭经济困难学生资助体系，努力保障教育机会平等。要把扶持农村最贫困地区和最困难群体作为优先任务，把合理配置教育资源作为根本措施，补齐短板、提高水平、完善制度，加快缩小城乡、区域、校际、群体教育发展差距，努力实现更高水平的普及教育，提供更加丰富的优质教育。要鼓励社会力量多种形式进入农村教育领域，多种途径扩大农村教育资源，满足农民群众差异化、个性化教育需求。

第二十二章　促进农村劳动力转移就业和农民增收

小康不小康，关键看老乡。中国要富，农民必须富。增加农民收入是“三农”工作的中心任务，检验农村工作实效的一个重要尺度就是看农民的钱袋子鼓起来没有。习近平总书记明确要求：“增加农民收入，要构建长效政策机制，通过发展农村经济、组织农民外出务工经商、增加农民财产性收入等多种途径，不断缩小城乡居民收入差距，让广大农民尽快富裕起来。”党的“十九大”报告将生活富裕作为乡村振兴的总体要求之一，2019 年中央一号文件根据农民就业、增收面临的新形势，提出了具体的要求和任务。

第一节　党的十八大以来农民收入保持持续增长的好势头

党的“十八大”以来，党中央始终把千方百计促进农民持续增收作为农业农村的中心工作之一，推动农民收入持续较快增长。2012—2017 年，农民人均可支配收入从 8 389元增加到 13 432元，年均实际增长 8.0%，快于城镇居民人均可支配收入增速 1.5 个百分点；城乡居民收入比值由 2.88 : 1 缩小到 2.71 : 1。

一是经营性收入仍是重要来源，但比重下降。经营性净收入占农民人均可支配收入的比重，由 2012 年的 44.6%下降到 2017 年的 37.43%。

二是工资性收入是农村居民家庭的“顶梁柱”，不仅在农民收入结构中占比最大，也是农民收入增长的最大贡献因素。近年来，党和政府千方百计引导农民外出务工、就地就近就业和返乡创业，增加工资性收入。2012—2017 年，全部农民工数量从 1. 87 亿人增加到 2. 62 亿人。其中，外出农民工从 1. 63 亿人增加到 1. 72 亿人。农民工收入水平持续提高，2012—2017 年，农民工月均收入从 2 290元增加到 3 485元。2017 年，工资性收入占农民人均可支配收入的比重达到 9%，对农民增收的贡献率达到 44. 6%，均超过经营性收入。

三是转移性收入比重不断提高。在国家持续强农惠农政策支持下，农民获得的补贴等转移性收入持续增长，转移性净收入占农民人均可支配收入的比重由 2012 年的 8. 7%上升到 2017 年的 19. 38%，比 2012 年提高了 10. 7 个百分点。

第二节　农民持续增收面临的挑战

当前，城乡发展不平衡是我国最大的发展不平衡，农村发展不充分是最大的不充分，突出表现在城乡居民收入差距上。从绝对数来看，城乡居民收入差距仍然较大，2017 年的比值仍高达 2. 71。农民工工资收入水平总体仍然很低，仅为城镇在岗职工平均工资的 50%左右。

从结构上看，农民的工资性收入增长放缓。外出务工是农民收入增长的主要来源，但近几年，新增民工数量增幅和农民工工资增速都出现下降，直接影响到农民的工资性收入增长。2011—2017 年，外出农民工增速呈逐年回落趋势，增速分别为 3. 4%、3%、1. 7%、1. 3%、0. 4%、0. 3%、1. 48%。农民工月工资收入增速也从 2011 年起逐年下降，名义增速从 2011 年的 21. 2%下降到 2017 年的 6. 4%，从 2014 年起就降至个位数。农民工工资增速下降，与近年来我国经济增速下滑、产业结构调整、用工需求下降有关。农民工工资水平普遍较低，则与其就业技能不高有关，大多数农民工的教育程度为初中，仍处于较低的水平，农民工接受技能培训的比例仍然较低，大多数农民工无法胜任高技能的工作，制约了农民工就业能力的提升，进而也制约了其工资收入的持续增长。

农业劳动生产率低，农民经营性收入增长难。劳动生产率水平是决定工资水平的根本性因素。目前，我国农业产业就业人员占比仍接近30%，但增加值占比已降到10%以下。农业的比较劳动生产率和城乡居民收入差距基本上是对应的，这从根本上决定了农业就业人员的收入无法达到全社会平均水平。

另外，在农民的收入来源中，财产性收入比重较低，2017年仅为2.3%。在多数地区，农村集体经济不发达，农村集体资产、农村经营性建设用地、农民宅基地等仍是“沉睡的资产”，给农民带来的收益较少。

第三节 促进农村劳动力转移就业和农民增收的政策举措

乡村振兴的出发点和落脚点，是为了让亿万农民生活得更美好，在共同富裕的道路上赶上来、不掉队，在共建共享发展中有更多获得感。2019年中央一号文件提出，要拓宽农民增收渠道，鼓励农民勤劳守法致富，增加农村低收入者收入，扩大农村中等收入群体，保持农村居民收入增速快于城镇居民。

一、促进农民工多渠道转移就业，提高就业质量

2019年中央一号文件提出，要健全覆盖城乡的公共就业服务体系，大规模开展职业技能培训，促进农民工多渠道转移就业，提高就业质量。落实这些要求，必须根据经济结构调整和劳动力市场出现的新变化，把提升农村劳动力技能作为关键，继续多渠道促进农村劳动力向非农产业和城镇转移就业。

一是稳定和扩大农村转移劳动力就业创业。实施就业优先战略和更加积极的就业政策，优化就业创业环境。着力坚持统筹城乡就

业，实行城乡劳动者平等的就业制度，消除对农村劳动力转移就业的政策障碍，不断改善农村劳动者进城务工环境。注重做好新生代农民工和农村贫困人口的就业工作。

二是强化公共就业服务。建立健全覆盖城乡的公共就业服务体系，完善就业失业登记制度，为包括农村转移劳动力在内的所有劳动者免费提供政策咨询、岗位信息、职业指导、职业介绍等服务。着力推进公共就业创业服务专业化、信息化。大规模开展职业技能培训，以促进转移就业为目标，加大对农村富余劳动力、“两后生”和在岗农民工的技能培训投入力度，通过培训提高技能，进而提高工资收入水平。

三是加强扶持引导服务，实施乡村就业创业促进行动，鼓励农民工返乡创业。要像当年抓乡镇企业发展一样抓“归雁经济”，像吸引外商侨商一样培育“返乡创客”，像抓城市招商引资一样抓农村“招商引智”，大力推进农民工返乡创业，以创业带动就业。下一步，要落实税费减免、担保贷款贴息等创业扶持政策，加强创业培训，为有创业意愿和服务需求的劳动者提供信息咨询、开业指导、创业孵化、跟踪辅导等“一条龙”创业服务，提高创业成功率。国家将推进实施《鼓励农民工等人员返乡创业三年行动计划纲要（2015—2017年）》，各地各部门要细化具体政策措施，开展好支持农民工等人员返乡创业试点工作。

二、持续推进农业转移人口市民化，提高农业劳动生产率

2019年中央一号文件提出，要深化户籍制度改革，促进有条件、有意愿、在城镇有稳定就业和住所的农业转移人口在城镇有序落户，依法平等享受城镇公共服务。推进农业转移人口在城镇落户定居，要从以下3个方面入手。

一是适应农民工省内就业比重不断提高的趋势，加快推进农业转移人口在省内落户定居。目前，农业转移人口在省内就业的比重已达到72.8%，并以每年近1个百分点的速度上升。近年新增的农

民工中，省内就业的比重也超过60%。未来，数千万第一代外出农民工将逐步退出城市劳动力市场，其中的相当一部分将回到家乡的城镇定居。同时，还有一部分新生代农民工要回省就业或创业。要适应这一趋势，大力发展中小城市和县域经济，进一步放宽省内落户定居的限制，引导农民工在家乡城市（城镇）落户定居，使存量农民工中的80%以上在省内实现市民化。

二是以举家外出人群为重点，推进跨省转移的农民工及其家属在流入地落户定居。中小城市和城镇要加快取消落户门槛，把有意愿的跨省农业转移人口转为市民；大城市和特大城市也要制定差异化的落户政策，分区域合理设置门槛，通过积分落户等方式完善居住证制度和落户政策之间的衔接机制，让跨省农业转移人口落户，并优先解决举家外出跨省农业转移人口的落户问题。

三是加快推进公共服务均等化，实现基本公共服务向农业转移人口全覆盖。对暂不符合落户条件或没有落户意愿又有常住需求的农民工及其家属，特别是新生代农民工，根据权利和义务对等原则，通过居住证制度梯度赋权，优先解决子女教育、公共卫生、住房保障等基本民生问题，使他们在流入地居住期间享受与户籍居民同等的基本公共服务，并随社会贡献的增加享受到更多的市民权利。

三、促进乡村经济多元化，挖掘农业农村内部就业增收潜力

2019年中央一号文件特别强调，要立足农村内部，拓展农民增收渠道，并首次提出了“乡村经济多元化”的要求。

一是持续增加农民家庭经营性收入。加快发展现代高效农业，推进农业绿色化、优质化、特色化、品牌化，延长农业产业链、提升价值链、完善利益链，扩大高附加值农产品出口，健全农产品产销稳定衔接机制，通过农产品质量提升、品牌溢价增加农民收入。要以“三权分置”改革促进农用地流转与集中，加快农业适度规模经营发展步伐，加快发展农业社会化服务体系，通过规模经营降低农业生产经营成本，增加净收入。特别是要始终把提高粮食生产效

益、增加种粮农民收入作为一项重大政策，不断完善粮食价格形成机制和收储制度，构建符合我国国情的农业支持保护体系，不让种粮农民在经济上吃亏。

二是充分发挥农村的独特资源和优势，开辟农民收入增长的新空间。一方面，要深度挖掘农业的多种功能，大力培育壮大农村新产业、新业态，推动农村一二三产业融合发展，让农民共享产业升级和融合发展的增值收益。另一方面，要大力发展文化、科技、旅游、生态等乡村特色产业，振兴传统工艺，培育一批家庭工场、手工作坊、乡村车间，鼓励在乡村地区兴办环境友好型企业，通过乡村经济多元化为农民提供更多就业岗位，不断拓展农民增收新领域。

四、通过改革激活农村“沉睡的资产”，增加农民财产性收入

财产性收入，是近年来农民收入增长的新动力，未来也有较大发展空间。增加农民财产性收入，不仅要深化农村土地制度改革，让农民更多分享承包地、宅基地的财产性收入，更要壮大集体经济。集体经济是促进农民增收实现共同富裕的有效载体，要创新集体经济发展思路，拓宽集体经济发展途径，建立符合市场经济要求的集体经济运行机制，确保集体资产保值增值。特别是要深入推进农村集体产权制度改革，推动资源变资产、资金变股金、农民变股东，盘活农村资源资产，探索农村集体经济新的实现形式和运行机制，确保农民受益。

第二十三章　推动农村基础设施提挡升级

2019年中央一号文件将提高农村民生保障水平，塑造美丽乡村新风貌作为乡村振兴的重要内容，明确提出要推动农村基础设施提挡升级，这既是实现乡村全面振兴、加快补齐农村民生短板、提高农村美好生活保障水平的坚实基础，也是坚持农业农村优先发展、促进农业农村现代化工作的必然要求。

第一节　推动农村基础设施提挡升级具备良好条件

一、"四好农村公路"建设取得了实实在在的成效

党的十八大以来，习近平总书记先后三次作出重要指示，要求建好、管好、护好、运营好农村公路。到2017年年底，全国农村公路总里程达400万千米，99.24%的乡镇和98.34%的建制村通上了沥青路、水泥路。"晴天一身土，雨天一身泥"正成为历史；乡镇和建制村通客车率分别达到99.1%和96.5%，6亿农民"出门硬化路，抬脚上客车"的梦想正变为现实。五年来，全国新建改建农村公路127.5万千米，每年新增通客车的建制村5 000个以上，农村"穷在天，困在路"的局面改变了，城乡距离拉近了，"出行难"问题得到有效解决，交通扶贫精准化水平不断提高，农村物流网络不断完善。

二、农村水利基础设施网络体系不断完善

五年来，节水供水重大水利工程建设全面提速，国务院确定的172项重大水利工程已累计开工122项，甘肃引洮供水、四川武引二期灌区等重大项目陆续开工建设，青海湟水北干渠扶贫灌溉等一批工程相继建成并发挥效益；农村饮水安全工作有序推进，在全面完成“十二五”农村饮水安全工程规划任务、解决3.04亿农村居民和4 133万农村学校师生饮水安全问题的基础上，“十三五”开始实施农村饮水安全巩固提升工程，聚焦全面解决贫困地区饮水安全问题，两年实施工程覆盖受益人口9 000多万人。截至2017年年底，我国农村集中供水率达85%，自来水普及率达80%。

三、农村公共基础设施持续改善

五年来，农村公共基础设施建设不断加强，农村人居环境整治加快推进，新一轮农村电网改造升级工程顺利实施，平原地区农田机井实现“井井通电”，6.6万个小城镇（中心村）电网改造升级实现全覆盖，7.8万个自然村新通动力电，受益人口达到1.56亿人，农村供电稳定性明显增强；90%以上的行政村通上了宽带互联网，农村电商蓬勃发展，农业产业链有效延长、价值链迅速提升、增收链不断拓宽，“互联网+”模式深入人心，农村教育信息化程度大幅提高，远程医疗网络持续向村镇延伸，城乡基本公共服务均等化水平稳步攀升，农民生产生活条件明显改善。

第二节　深刻认识推动农村基础设施提挡升级的内涵要义

尽管农业农村发展取得历史性成就，我们还应清楚地看到，目前农业农村基础差、底子薄、发展滞后的状况尚未根本改变，还面临不少困难和问题。农村基础设施仍然是发展的明显短板，如农村

公路道路等级低、通行能力弱、与外界连通性差等问题比较突出；农村水利基础设施还不完善，标准偏低，质量不高问题比较普遍；农村环境和生态问题不容忽视，农业面源污染、白色污染严重，多数村庄没有污水、垃圾处理设施等。

现阶段，城乡差距最直观的是基础设施和公共服务差距大。农业农村优先发展，要体现在公共资源配置上。要把公共基础设施建设的重点放在农村，推进城乡基础设施共建共享、互联互通，推动农村基础设施提挡升级，特别是加快道路、农田水利、水利设施建设，完善管护运行机制。2019 年中央一号文件明确提出“继续把基础设施建设重点放在农村，加快农村公路、供水、供气、环保、电网、物流、信息、广播电视等基础设施建设，推动城乡基础设施互联互通”“抓紧研究提出深化农村公共基础设施管护体制改革指导意见”，这些都为农村基础设施建设工作明确了重点、指明了方向。

推动农村基础设施提挡升级，一方面大力加强农村建设，继续把公共基础设施建设的重点放在农村，瞄准农民群众最期盼、农村生产生活最需要的设施精准投入、精准建设，补齐农村基础设施建设短板；另一方面要推进城镇基础设施和公共服务向农村延伸，逐步建立城乡一体、普惠共享的基本公共服务体系，促进城乡基本公共服务均等化，推动农业全面升级、农村全面进步、农民全面发展。

第三节　农村基础设施提挡升级要实现重点突破

针对落实乡村振兴战略的新部署新任务新要求，要在交通物流、农村水利、能源、通信、环保等基础设施建设领域形成重点突破，形成典型带动作用，推动农村基础设施建设全面提挡升级。

一、推动农村公路向高质量发展

除少数不具备条件的乡镇、建制村外，要在 2019 年年底前全部实现通硬化路。加快实施村组通硬化路建设，推进农村公路向进村入户倾斜。扎实推进特色致富路，加快资源路、旅游路、产业路建设。全力打造平安放心路，加强危桥和窄路加宽改造。实施农村公路安全生命防护工程，2020 年完成乡道及以上公路安全隐患治理。深化农村公路管理养护体制改革，加快完善组织保障、资金保障和绩效考核体系。大力推进城乡交通运输服务一体化，确保 2020 年实现具备条件的建制村全部通客车。加快县乡村三级物流网络体系建设步伐，按照“多站合一，资源共享”的原则，加快推进商贸、邮政、供销、运输等农村物流设施网络布局，推动县级仓储配送中心、乡镇农村物流服务站、村级农村物流服务点、农村物流快递公共取送点等建设，打通农村物流“最后一公里”。

二、推进节水供水重大水利工程建设

按照习近平总书记提出的“确有需要、生态安全、可以持续”的原则，科学有序推进重大水利工程建设，进一步做好新建项目前期工作，严格工程方案、环境影响、资金落实等建设条件和标准审核，成熟一项，实施一项，见效一项。抓重点、补短板、强弱项、建机制，着力构建大中小微结合、功能配套完善、长期发挥效益的农村水利基础设施网络，加快农村灌溉排水骨干工程建设改造，开展小型农田水利设施达标提质。加强中小河流治理、重点区域排涝能力、病险水库水闸除险加固、山洪灾害防治、农村基层防汛预报预警体系建设，统筹推进中小型水源工程和抗旱应急能力建设。继续实施农村饮水安全巩固提升工程，推进城乡供水一体化和农村饮水安全工程规模化标准化建设，加强水源保护，强化水质保障，完善工程良性运行机制，进一步提高农村集中供水率、自来水普及率、供水保证率和水质达标率。

三、加快新一轮农村电网改造升级

完善农村能源基础设施网络，加快新一轮农村电网升级改造，制定农村通动力电规划，推动供气设施向农村延伸，形成以电网为基础，与燃气管网、热力管网、交通网络等互补衔接、协同转化的设施网络体系。深入推进农村能源生产和消费革命，构建清洁低碳、安全高效的现代农村能源体系。优化农村能源供给结构，因地制宜建设农村分布式清洁能源网络，大力发展太阳能、浅层地热能、生物质能等，因地制宜开展水能、风能评估和利用，实现供能方式多元化。推进农村能源消费升级，大幅提高电能在农村能源消费中的比重，积极稳妥推进北方地区散煤替代和清洁利用，在气源落实条件下有规划地推进煤改气。大力发展“互联网+”智慧能源，全面提升农村能源消费智能化、高效化水平。

四、实施数字乡村战略

加快农村地区宽带网络和第四代移动通信网络覆盖步伐，实施新一代信息基础设施建设工程，推进接入能力低的行政村进行光纤升级改造，在部分地区推进“百兆乡村”示范及配套支撑工程，改造提升乡镇及以下区域光纤宽带渗透率和接入能力，开展城域网扩容改造。做好数字乡村战略整体规划设计，推进农村基层政务信息化应用，推广远程教育、远程医疗、金融服务进村等信息服务，建立空间化、智能化的新型农村统计信息系统，弥合城乡数字鸿沟。在乡村信息化基础设施建设过程中同步规划、同步建设、同步实施网络安全工作，确保信息系统网络运行安全、重要数据安全和公民个人信息安全。

五、加强农村防灾减灾救灾能力建设

坚持以防为主、防抗救相结合，坚持常态减灾与非常态救灾相统一，全面提高抵御气象、旱涝、地震、地质、海洋、森林草原、火灾等灾害综合防范能力。加强农村自然灾害监测预报预警，实施国家突发事件预警信息发布能力提升工程，解决农村预警信息发布“最后一公里”问题。加强防汛抗旱、防震减灾、防风抗潮等防灾减灾工程建设。推进实施自然灾害高风险区农村困难群众危房改造，提升农村住房设防水平和抗灾能力。全面深化森林、草原火灾防控治理。大力推进农村公共消防设施、消防力量和消防安全管理组织建设，改善农村消防安全条件，提高防控火灾和应急救援能力。推进自然灾害救助物资储备体系建设，在有条件的多灾易灾乡村设置救灾物资储存室。开展灾害救助应急预案编制和演练，加强社区救灾应急物资储备和志愿者队伍建设。完善应对灾害的政策支持体系和灾后重建工作机制。在农村广泛开展防灾减灾宣传教育。

第四节　着力强化农村基础设施提挡升级政策保障

一、加大资金投入支持力度

强化农村基础设施提挡升级，投入是关键，必须健全投入保障制度，创新投融资体制机制，加快形成财政优先保障、金融重点支持、社会积极参与的多元投入格局。加大政府投资对农业绿色生产、可持续发展、农村人居环境、基本公共服务等重点领域和薄弱环节支持力度，充分发挥投资对优化供给结构的关键性作用。规范地方政府举债融资机制，支持地方政府发行一般债券用于支持乡村振兴领域公益性项目。有效拓宽农村基础设施提挡升级资金筹措渠道，加强金融机构对农村基础设施建设的服务支持，加大农村基础设施和公用事业领域开放力度，充分发挥政府投资的引导作用，吸引金融和社会资本更多投向农村基础设施建设。

二、创新农村基础设施建管机制

农村基础设施三分靠建，七分靠管。要创新农村基础设施建管机制，坚持先建机制、后建工程，健全完善工程管理体制，鼓励将城市周边农村、规模较大中心镇纳入城镇基础设施建设规划，由市政部门统一建设、统一运营维护。对农村集中供水、污水垃圾集中处理等设施建设和运营，鼓励推行代建制、特许或委托经营等模式。

对点多面广、布局分散的小型农村基础设施，鼓励通过政府购买服务、村民自建自管等方式建设和运行。要完善农村基础设施产权制度，明确所有权，根据农村基础设施的性质和层级，合理确定建设和管护责任主体，落实地方政府、村集体、企业、农民等主体责任，落实工程管理主体与责任。要建立合理的水价制度，加强水费征收，落实地方财政补贴机制，确保工程可持续运行。要持续加强农村基础设施管护体制改革，加大成品油消费税转移支付资金用于农村公路养护力度，抓紧研究出台深化农村公共基础设施管护体制改革指导意见。

第二十四章　加强农村社会保障体系建设

党的“十八大”以来，中央把建立农村社会保障体系作为保障和改善民生的重要内容，采取了一系列行之有效的政策措施，推进建立统一的城乡居民基本养老保险、基本医疗保险等制度，城乡社会保障走向并轨，标志着农村社会保障体系建设迈入了新的阶段，开创了新的局面。由于长期存在资金投入不足、覆盖范围较窄、保障水平偏低、经办力量薄弱等突出问题，我国农村社会保障尚不能满足广大农村居民日益增长的需求。党的十九大报告中强调，全面建成覆盖全民、城乡统筹、权责清晰、保障适度、可持续的多层次社会保障体系。按照这一决策部署，2019 年中央一号文件就加强农村社会保障体系建设专门进行了部署。

第一节　完善城乡居民基本养老保险制度

目前，人力资源和社会保障部、财政部已经印发《关于建立城乡居民基本养老保险待遇确定和基础养老金正常调整机制的指导意见》。主要内容包括：一是完善待遇确定机制，中央根据全国城乡居民人均可支配收入和财力状况等因素，确定全国基础养老金最低标准；地方根据当地实际提高基础养老金标准。二是建立基础养老金正常调整机制，参考城乡居民收入增长、物价变动和职工基本养老保险等标准，适时提出调整方案。三是建立个人缴费档次标准调整机制，最高缴费档次标准原则上不超过当地灵活就业人员参加职工基本养老保险的年缴费额；对重度残疾人等缴费困难群体，可保留现行最低缴费档次标准。四是建立缴费补贴调整机制，引导城乡居民选择高档次标准缴费；鼓励集体经济组织提高缴费补助，鼓励其他社会组织、公益慈善组织、个人为参保人缴费加大资助。五是实现个人账户基金保值增值，提高个人账户养老金水平和基金支付能力。

第二节　完善医疗保障体系

“健康”是每个人心中的梦想。对于医疗卫生水平远落后于城市的农村居民来说，更加渴望有一个重公平、可持续的医保制度来帮助他们实现“健康”梦。

一、整合城乡居民基本医疗保险制度和大病保险制度

我国的基本医疗保险体系包括职工基本医疗保险、城镇居民基本医疗保险和新型农村合作医疗保险三项制度，分别针对城镇就业人口、城镇非就业人口和农村人口于不同时期逐步建立。但随着我国经济社会发展特别是城镇化进程加速，这种制度分设、城乡分割、体制分散的弊端日趋突出。党的“十八大”明确提出“整合城乡居民基本医疗保险制度”的要求，并作为重点改革任务。2016 年 1 月，国务院印发了《关于整合城乡居民基本医疗保险制度的意见》，重点从整合制度政策、理顺管理体制、提高服务效能三个层面，对整合城镇居民医保与新农合两项制度提出了意见，并着重实现“六统一”（统一覆盖范围、统一筹资政策、统一保障待遇、统一医保目录、统一定点管理、统一基金管理）。近年来，各地逐步展开城乡居民基本医保并轨改革。截至目前，全国各省、自治区、直辖市（含兵团）除西藏、台湾外，均已开始推进整合城乡居民基本医疗保险制度工作；全国 334 个地市中，有 80% 以上地市出台具体实施方案并基本启动运行。

制度整合以来，城乡居民特别是农村居民保障水平和医疗服务

利用水平均有提高，医保基金互助共济能力增强，城乡一体化管理服务加快推行，管理水平明显提高。今后将在总结各地经验的基础上，推动整合城乡居民基本医疗保险和大病保险制度，并不断提升整合质量、完善机制、提升服务，促进深度融合。

二、提高医疗保障水平

各地不断巩固完善有关政策，增强保障能力，对建档立卡贫困人口等实施降低起付线、提高报销比例和封顶线等倾斜性支付政策，进一步提高贫困人口医疗保障水平，助力脱贫攻坚。今后将继续扩大医疗救助人群范围和重大疾病保障病种范围，提高医疗服务水平。

三、巩固城乡居民医保全国异地就医联网直接结算

跨省异地就医直接结算不仅极大方便了广大参保人员，减轻了费用垫付的压力，还有效避免了不法分子利用虚假医疗票据欺诈骗取医保基金的现象，并为建立全国统一的社会保险公共服务平台探索了现实路径。坚持高起点、全兼容、广覆盖，联通部、省、市、县四级经办机构的国家异地就医结算系统已全面建成，超过 80%以上的县区至少开通一家定点医疗机构。建立了异地就医进展定期发布机制，通过人社部门户网站和部政务微信平台进行权威发布，开通跨省异地就医网上查询系统。按照 2019 年中央一号文件要求，要进一步深化支付方式改革，不断优化完善异地就医直接结算运行机制，进一步拓展异地就医结算系统功能。

四、提高管理水平

建立完善适应不同人群、疾病、服务特点的多元复合支付方式，针对不同医疗服务特点，推进医保支付方式分类改革。重点推行按病种付费，做好按病种收费、付费政策衔接，合理确定收费、付费标准，实现全国范围内医疗服务项目名称和内涵的统一。开展按疾病诊断相关分组付费试点，探索建立按疾病诊断相关分组付费体系。

完善按人头付费、按床日付费等支付方式。强化对医疗行为的监管，将监管重点从医疗费用控制转向医疗费用和医疗质量双控制。

坚持统筹协调，统一规范政策和经办流程，简化办事程序，提高经办能力。全面落实就医地管理责任，实行“就医地目录范围、参保地待遇标准”“就医地管理”“先预付、后清算”等管理办法，推行电话备案、网上备案，取消所有需要就医地提供的证明和盖章。落实分级诊疗要求，指导各地制定规范的异地转诊规定。

第三节　统筹城乡社会救助体系

社会救助是社会保障的最后一道防护线和安全网，是维护社会安定的重要保证。我国逐步建立了以城乡低保、农村五保供养为核心，以专项救助为辅助，覆盖城乡的社会救助体系，初步实现了社会救助制度的定型化、规范化和体系化。

党的“十八大”以来，随着党和国家逐渐加大保障和改善民生的工作力度，社会救助体系不断完善，覆盖范围持续扩大，救助水平稳步提高，社会救助体系建设取得显著成效。2017 年，中央财政安排低保、特困、临时救助、孤儿基本生活保障、流浪乞讨人员救助的困难群众基本生活救助补助资金为 1 331亿元。2017 年，全国共有城乡低保对象 5 311万人，城市、农村低保平均标准分别为 541 元/（人·月）、4 302 元/（人·年），全年支出城乡低保资金 1 624. 9亿元。全国共有城乡特困人员 492 万人，其中城市、农村分别为 25 万人、467 万人，基本生活平均标准分别为 8 292元/（人·年）、6 323元/（人·年），全年支出救济供养资金 258. 49 亿元。各项专项救济工作稳步推进。全国共支出医疗救助资金 320. 59 亿元（中央安排 155 亿元）实施医疗救济 8 738万人次，其中直接救助 3 535万人次、资助困难群众参加基本医疗保险 5 203万人次。中央财政投入 266. 9 亿元，集中支持 190. 6 万户农村建档立卡贫困户等四类重点对象实施农村危房改造。全国共实施临时救助 893 万人次，累计支出资金 141. 34 亿元。此外，针对垦区受灾人员、困难职工子女、农民工、残疾人、老人等救助工作稳步推进，社会力量参与社会救助得到深化。

针对社会救助工作仍然存在的部分地方救助标准低、对象认定不够精准、部门地方协调性不够、财政压力大、资源统筹不够、救助管理不规范等问题，2019 年中央一号文件要求，进一步完善最低生活保障制度，保障妇女儿童合法权益，完善社会救助、社会福利、慈善事业、优抚安置等制度，健全农村留守儿童和妇女、老年人关爱服务体系，加强残疾康复服务。在此基础上，还提出了救助政策上的三项新举措：一是在具体救助对象上，从农村实际出发，专门增加了困境儿童，主要救助因家庭贫困导致生活、就医、就学等困难的儿童，因自身残疾导致康复、照料、护理和社会融入等困难的儿童，以及因家庭监护缺失或监护不当遭受虐待、遗弃、意外伤害、不法侵害等导致人身安全受到威胁或侵害的儿童；二是将进城落户农业转移人口全部纳入城镇住房保障体系，解决进城务工困难农民工住房保障问题；三是创新农村养老多元化照料服务模式，解决新形势下农村家庭养老弱化、对社会养老需求增加的问题。

第二十五章　推进健康乡村建设

第一节　强化农村公共卫生服务

党的“十八大”以来，国家高度重视农村公共卫生工作，形成政府主导、部门协同、社会参与的疾病防控工作机制，建立起以疾病预防控制机构为主体、医疗卫生机构参与的疾病防控体系，人民健康水平显著提高。

重大疾病是指严重危害公众健康和生命安全、严重影响国民经济和社会发展、严重损害国家安全和国际形象的一类疾病。目前主要包括以传染病（艾滋病、结核病、乙肝、血吸虫病、疟疾、鼠疫、霍乱、包虫病、布鲁菌病）、慢性非传染性疾病（高血压、脑卒中、糖尿病、肺癌、肝癌）、精神疾病（严重精神障碍）、地方病（碘缺乏病、大骨节病）、职业病（尘肺）为代表的5大类18种重大疾病。当前，我国传染病防控形势仍然严峻，现有艾滋病病毒感染者、结核病患者人数居世界第二位，乙型肝炎病毒携带者约占世界的1/3。同时，慢性病患者人数快速增加，慢性病已成为居民最主要的死因，占到85%。

第二节　完善基本公共卫生服务项目补助政策

我国疾病谱呈现双重疾病负担，一方面慢性非传染性疾病成为主要的健康问题，另一方面重大传染病防控形势仍然比较严峻，同时人口老龄化进程不断加快，卫生服务发展不平衡、不充分问题依然比较突出。在上述背景下，2009 年，政府启动实施国家基本公共卫生服务项目，目的是对城乡居民健康问题实施干预措施，减少主要健康危险因素，有效预防和控制主要传染病和慢性病，提高公共卫生服务和突发公共卫生事件应急处置能力，使城乡居民逐步享有均等化的基本公共卫生服务。基本公共卫生服务项目根据经济社会发展状况、主要公共卫生问题和干预措施效果确定，并随着经济社会发展、公共卫生服务需要和财政承受能力适时调整，所需经费纳入政府预算。项目实施主体为基层医疗卫生机构，在农村地区为乡镇卫生院、村卫生室等。

2009—2018 年，人均基本公共卫生服务经费补助标准从 15 元提高到 50 元，服务内容从 9 类扩展至 14 类，包括建立居民健康档案、健康教育、预防接种和 0~6 岁儿童、孕产妇、65 岁及以上老年人、高血压和糖尿病患者、严重精神障碍患者、肺结核患者、中医药健康管理以及传染病和突发公共卫生事件报告和处理、卫生计生监督协管、免费提供避孕药具、健康素养促进。全周期全人群免费的基本公共卫生服务链条初步形成，如 0~6 岁儿童可获得新生儿家庭访视、生长发育监测评估、预防接种等服务；孕产妇可获得建立母子健康手册、孕早期产前检查、产后访视等服务；65 岁及以上老年人每年可获得 1 次健康体检服务，包括血尿常规、肝肾功能、血糖血脂、B 超心电图检查等；高血压、糖尿病、严重精神障碍和肺结核等患者，可获得测量血压血糖、定期随访和用药指导等服务；健康人群可获得建立健康档案、健康教育等服务。

第三节　加强基层医疗卫生服务体系建设

从广义上讲，基层医疗卫生机构在农村地区包括县乡村三级医疗卫生服务网，即县级医院、乡镇卫生院和村卫生室。2012—2017 年，国家投入 476 亿元，支持 2 057个县医院项目建设，至 2017 年年底，全国有县和县级市医院1.36万个，普遍达到二级以上水平，在解决群众看病就医和实现“大病不出县”方面发挥了重要作用。乡镇卫生院和村卫生室是我国农村地区医疗卫生服务的网点，为老百姓提供常见病、多发病的诊治等基本医疗服务和基本公共卫生服务。乡镇卫生院和村卫生室数量多、分布广、与百姓最贴近，目前，全国有乡镇卫生院3.65万个，村卫生室63.2万个，基本实现乡乡有卫生院、村村有卫生室。2012—2017年，国家投入254亿元，支持建设乡镇卫生院1.9万个，村卫生室9.4万个；投入21.6亿元，用于为村卫生室配备健康一体机，推动基层设施设备提挡升级，至2017年，全国乡镇卫生院标准化建设达标率达到80.2%，基层医疗卫生机构就医环境明显改善。

国家将继续加强基层医疗卫生服务体系建设，支持500家县医院建设成三级医院，支持中西部地区基层医疗卫生机构标准化建设和设备提挡升级，每个乡镇卫生院都有全科医生。同时加强乡村医生队伍建设，全面开展乡村医生申请执业（助理）医师资格考试，拓展乡村医生职业发展空间。开展乡镇卫生院服务能力评价，加强基层医疗卫生服务能力建设，持续改进医疗服务质量，提升基层就诊率和群众满意度。

第四节　开展和规范家庭医生签约服务

现阶段，我国家庭医生主要包括基层医疗卫生机构注册全科医生，以及具备能力的乡镇卫生院医师和乡村医生等。家庭医生为群众提供全生命周期、全流程的连续性、综合性健康服务，包括基本医疗服务、公共卫生服务和约定的健康管理服务。基本医疗服务包括常见病、多发病的中西医诊治、合理用药、就医路径指导和转诊预约等。健康管理服务主要是针对居民健康状况和需求，制订不同类型的个性化服务内容，包括健康评估、康复指导、家庭病床服务、家庭护理、中医药“治未病”服务、远程健康监测等。通过开展家庭医生签约服务，将间断性服务变为连续性服务，将单一的疾病治疗变为综合的健康管理。建立家庭医生签约服务制度，让群众患病后第一时间问诊自己的家庭医生，有利于形成基层首诊、双向转诊、急慢分治、上下联动的有序就医格局，促进分级诊疗制度的形成。

国家将继续大力推动和规范家庭医生签约服务工作，在稳定签约数量、巩固覆盖面的基础上，把工作重点放在提质增效上，签约一人、履约一人、做实一人。优先做好老年人、孕产妇、儿童以及高血压、糖尿病、结核病等慢性病和严重精神障碍患者等重点人群签约服务，落实健康扶贫要求，优先推进贫困人口签约。做实做细签约服务各项任务，统筹做好基本医疗和基本公共卫生服务，提高常见病多发病诊疗服务能力，推广预约诊疗服务，做好转诊服务，保障签约居民基本用药，推广实施慢病长处方用药政策，开展个性化签约服务。重点解决好签约居民的看病就医问题，鼓励发展个性化签约服务，满足居民多样的健康服务需求。

第五节　加强乡村中医药服务

中医药服务具有“简、便、验、廉”的特点，具有广泛的群众基础，充分发挥其在“治未病”中的主导作用、在重大疾病治疗中的协同作用、在疾病康复中的核心作用，是为广大农村居民提供全生命周期健康保障、建设健康乡村、助力健康扶贫、实现乡村振兴的重要组成部分。为有效解决人民群众就近看中医、方便看中医的问题，2012 年以来，国家实施了基层中医药服务能力提升工程及其“十三五”行动计划。下一步将继续做好基层中医药服务能力提升工作，从加强乡镇卫生院和村卫生室条件建设、强化乡村中医药人才培养、发挥中医药特色优势、推广中医适宜技术等方面，不断扩大乡村中医药服务覆盖面，让更多的乡镇卫生院、村卫生室能够提供中医药服务，使中医医疗和养生保健延伸到更多的乡村和家庭，方便广大农村居民就近就医。不断丰富乡村中医药服务内涵，在乡镇卫生院建设更多的中医馆、国医堂，改善村卫生室中医药服务环境，让农村居民能够享受到集医疗、预防、保健、养生、康复于一体、全链条的中医药综合服务，有效提升农村居民中医药健康文化素养。不断提高乡村中医药服务水平，推动中医药服务从“有没有”到“好不好”再到“强不强”的转变和发展，筑牢健康乡村的服务网点，使中医药服务在广大农村更可及、更可得、更方便、更有效。

第六节　倡导优生优育

妇幼健康是优生优育的基础。结合新形势新需要，启动实施母婴安全行动计划，倡导优生优育，继续实施住院分娩补助政策，向孕产妇免费提供生育全过程的基本医疗保健服务，提高妇女常见病筛查率和早诊早治率，满足妇女儿童多样化、多层次的健康需要，让她们的获得感更加充实。实施健康儿童行动计划，加强儿童早期发展，加强儿科建设，加大儿童重点疾病防治力度，扩大新生儿疾病筛查，继续开展重点地区儿童营养改善等项目，让孩子们出生得平安、成长得健康，为经济社会发展提供源源不断的健康人力资源。加强出生缺陷综合防治，构建涵盖孕前、孕期、新生儿各阶段的出生缺陷防治体系，预防和减少残疾，提高国民整体素质，推动中华民族永续发展。推动新时期计划生育技术服务转型，鼓励广大育龄妇女按照政策生育，促进人口长期均衡发展。实施妇幼健康和计划生育服务保障工程，提升孕产妇和新生儿危急重症救治能力，更好地保障妇女儿童健康。

第七节　深入开展乡村爱国卫生运动

爱国卫生运动是党和政府把群众路线运用于卫生防病工作的伟大创举和成功实践。1952 年我国成立了中央防疫委员会，9 个月后更名为中央爱国卫生运动委员会，领导全国军民开展以消灭病媒虫害、预防控制传染病为主的卫生运动，揭开了我国爱国卫生运动的序幕。时至今日，全国爱国卫生运动已经走过 66 年的历程，66 年来，爱国卫生运动始终以解决人民生产生活中的突出卫生问题为主要内容，紧紧围绕不同时期的工作重点，先后开展了除“四害”、讲卫生、改水改厕、“五讲四美”、环境整治、卫生创建、健康宣传教育、健康城市健康村镇建设等一系列富有成效的工作，为改善城乡环境、预防和控制疾病、提升群众文明卫生素质、促进人民健康发挥了不可替代的作用。实践证明，爱国卫生运动是中国特色社会主义事业的重要组成部分，也是一项得民心、顺民意的重大民生工程。

从 20 世纪 80 年代开始，为了改善城市环境脏、乱、差的面貌，我国启动了卫生城市创建工作。目前，国家已经命名卫生城市 259 个，占全国城市数的 36%。随着城镇化进程的加快，人口老龄化、慢性病和精神疾病高发、居民日益增长的健康需求等，都要求提升卫生城市创建水平。2014 年，我国明确提出探索开展健康城市建设，努力打造卫生城镇升级版。2016 年 7 月，全国爱国卫生运动委员会印发《关于开展健康城市健康村镇建设的指导意见》，建设集中在营造健康环境、构建健康社会、优化健康服务、培育健康人群、发展健康文化 5 个方面。到 2030 年，将建设一批健康城市、健康村镇示范市和示范村镇。

第二十六章　持续改善农村人居环境

第一节　农村人居环境建设取得突出进展

党中央、国务院高度重视改善农村人居环境。各地开展新农村建设，应坚持因地制宜、分类指导，规划先行、完善机制，突出重点、统筹协调，通过长期艰苦努力，全面改善农村生产生活条件。此后，习近平总书记多次在不同场合强调这项工作。李克强总理也作出专门批示。各地区、各部门贯彻习近平总书记的系列重要指示精神，落实国务院决策部署，持续推进改善农村人居环境工作，取得了一定进展。

一、形成中央统筹指导、地方狠抓落实的推进机制

启动每年一次覆盖所有行政村的农村人居环境普查，普查内容涵盖垃圾、污水、村内道路等30多项指标，掌握了全国农村人居环境发展变化情况。目前，各省（自治区、直辖市）将改善农村人居环境工作纳入党委、政府重要议事日程，成立了专门的领导小组，制定了相关文件或规划，启动了专项工程，加大了资金投入力度，建立了对改善农村人居环境工作的考核机制。

二、确立因地制宜、分类指导的工作思路

按照习近平总书记重要指示精神，在总结浙江等地区实践经验基础上，住房和城乡建设部会同有关部门提出乡村建设“保障基本

生活条件、整治村庄环境、建设美丽乡村”三个阶段任务。《国务院办公厅关于改善农村人居环境的指导意见》进一步明确了三阶段目标和任务安排。各地按照这一思路，结合实际制定改善农村人居环境规划或实施方案，分类、分阶段设定目标和重点任务。

三、农村生活垃圾污水治理取得突破

按照中央部署，自 2014 年起，住房和城乡建设部等部门大力推进农村生活垃圾治理专项行动，到 2017 年年底，全国农村生活垃圾得到处理的行政村比例达 70%以上，较 2014 年提高 26 个百分点。难度较大的农村生活污水治理也取得了突破，2015 年，住房和城乡建设部启动农村生活污水治理百县示范，目前全国有 290 多个县的农村生活污水治理全面推进。截至目前，村庄人居环境得到整治的行政村比例超过 60%，这是新中国成立以来我国农村人居环境建设取得的标志性成就。

第二节　部署开展农村人居环境整治三年行动

经过 4 年多的努力，我国农村人居环境状况有了相当大的改观，但是农村脏乱差问题依然十分严重。全国有 1/3 村庄的生活垃圾没有得到收集和处理，80%的行政村生活污水没有得到治理，30%的行政村村内道路没有实现硬化，不少农村居民还在使用不卫生的厕所。可以这么说，农村是全面建成小康社会的短板，农村的人居环境又是短板中的短板。我们必须下定决心整治农村人居环境，补齐农村地区全面建成小康社会的这块短板，决不能把脏乱差带到小康社会。

按照中央关于实施乡村振兴战略的部署安排，到 2020 年，农村人居环境明显改善，美丽宜居乡村建设扎实推进；到 2035 年，农村生态环境根本好转，美丽宜居乡村基本实现；到 2050 年，乡村全面振兴，农业强、农村美、农民富全面实现。落实乡村振兴战略目标要求，实现乡村全面振兴、全面建成美丽宜居乡村，一个重要抓手

就是实施农村人居环境整治行动。

2018年年初，中共中央办公厅、国务院办公厅印发了《农村人居环境整治三年行动方案》，提出以建设美丽宜居村庄为导向，以农村垃圾、污水治理和村容村貌提升为主攻方向，加快补齐农村人居环境突出短板，明确了全面推进农村生活垃圾治理、开展厕所粪污治理、梯次推进农村生活污水治理、提升村容村貌、加强村庄规划管理、完善建设和管护机制等6项重点任务，到2020年实现农村人居环境明显改善，村庄环境基本干净整洁有序，为如期实现全面建成小康社会目标打下坚实基础。

第三节　深入推进农村人居环境整治

一、全面推进农村生活垃圾治理

2015年，经国务院同意，印发了《住房城乡建设部等部门关于全面推进农村垃圾治理的指导意见》，建立了农村生活垃圾全面治理逐省验收制度。目前，已有8个省份通过验收，其他省（自治区、直辖市）也提出了到2020年申请验收的计划安排。截至2017年年底，全国农村生活垃圾得到处理的行政村比例从2013年的36.6%已提高到74%，近3年年均提高8.7个百分点。下一步住房和城乡建设部将会同有关部门继续推进逐省验收工作，建立治理工作进展定期检查和通报机制，对工作落后的省份进行专项督查，对通过验收的省份组织开展回头看，到2020年基本实现90%的治理目标，这将是农村人居环境整治三年行动的标志性成果。同时，继续推进农村生活垃圾分类和资源化利用，力争每年公布一批分类工作较好的县（市、区）名单，总结并推广成熟经验，供各地学习借鉴。全面启动非正规垃圾堆放点整治，督促地方分类确定整治方案，建立滚动销号制度，力争到2020年基本完成整治任务。

二、开展厕所粪污治理

厕所污水占生活污水比例不大，但污染程度占生活污水污染的90%左右，农村不少传染疾病是由厕所粪便污染和不安全饮水引起的。最近几年，习近平总书记多次就农村改厕作出重要指示。现阶段要大力推进厕所革命，对东部地区、中西部城市近郊区等有基础、有条件的地区，要加快推进户用卫生厕所建设和改造，到2020年基本完成无害化改造，对其他地区要普及不同水平的卫生厕所，卫生厕所普及率达到85%左右。对人口规模较大且有需求的村庄，配套建设公共厕所。但无论建设或改造何种卫生厕所，必须同步对厕所粪污进行处理或资源化利用，不能厕所改了，但粪污仍然直接排放。

三、梯次推进农村生活污水治理

从各地实践看，开展农村生活污水治理，可采取纳入城市管网、建村集中污水处理站、建分户污水处理设施，任何一种处理方式，平均每户农户的建设费用是1万元。相对改厕而言，这项工作的投资量更加巨大，且现阶段运行管理能力也跟不上。今后将以县为单位开展农村生活污水统筹治理示范，总结并推广示范县经验，扩大示范县数量，在有条件的地区推动城镇污水管网向周边农村延伸覆盖。继续实施农村环境综合整治项目，支持重点地区的村庄治理生活污水。制定农村生活污水处理排放标准。到2020年实现东部地区、中西部城市近郊区等有基础、有条件的地区，农村生活污水治理率明显提高，中西部有较好基础、基本具备条件的地区，生活污水乱排乱放得到管控。同时指导地方开展农户房前屋后的坑塘沟渠疏浚，逐步消除农村黑臭水体，并将农村水环境治理纳入河长制、湖长制管理。

四、提升村容村貌

总体上，我国的村容村貌比较落后，其中最影响农村风貌的是农房的风貌。我国大多数农房缺乏设计、外观呆板。今后将从以下几个方面加强对农房风貌的管理：一是探索将农房建筑风貌纳入乡村建设规划许可进行管理；二是推广现代生土建筑等改良型传统民居，开展田园建筑示范；三是引导建筑师下乡帮助地方开展农房设计，推动建设体现地域特点、民族特色和时代特征的现代农房；四是组织开展农村建筑工匠培训，让工匠成为提升农村建筑风貌的一支主体力量。同时，大力推进村庄绿化，充分利用闲置土地开展植树造林等活动，建设绿色生态村庄。

经过多年的努力，全国约8%的行政村建成了美丽乡村，各部门也支持发展了一批特色村、旅游村，但整体上看，全国还没有进入美丽乡村建设阶段。今后，我们要建立一个长远的目标导向，以建设美丽乡村作为全国农村人居环境改善的最高标准，力争通过一二十年的努力，综合推进乡村规划管控、农民生产生活改善、村庄环境整治、风貌提升等工作，使农村山水林田路房整体改善，充分展现美丽乡村的魅力和经济、社会、教育、文化等多方面的价值，实现农村人居环境全面提升。

第二十七章　瞄准贫困人口精准帮扶

乡村振兴，摆脱贫困是前提。党的“十八大”以来，以习近平同志为核心的党中央把脱贫攻坚工作纳入“五位一体”总体布局和“四个全面”战略布局，作为实现第一个百年目标的重点任务，作出一系列重大部署和战略安排，以前所未有的政策力度向贫困宣战，脱贫攻坚取得了举世瞩目的伟大成就，谱写了人类反贫困历史新的壮丽篇章。

第一节　着力做好产销衔接、劳务对接，实现稳定脱贫

习近平总书记指出，扶贫不是慈善救济，而是要引导和支持所有有劳动能力的人，依靠自己的双手开创美好明天。要立足当地资源，宜农则农、宜林则林、宜牧则牧、宜商则商、宜游则游，通过发展特色产业，实现就地脱贫。强化产业和就业扶持是提高贫困人口自我发展能力的根本举措。

一、加大产业扶贫力度

产业扶贫，选好产业是基础。要立足当地资源禀赋，紧密围绕市场需求，发展贫困人口参与度高的扶贫特色产业。要主动适应消费需求转型升级情况，在绿色生态上做足文章，让扶贫产业成为兴村富民的发展平台。产业扶贫，龙头带动是关键。要注重培育壮大贫困地区龙头企业、种养大户等新型经营主体，鼓励他们与贫困户

建立稳定的利益联结机制，通过发展生产性服务业、建立稳定产销关系等，增强在产前环节、产中环节、产后环节的服务能力，切实提高扶贫产业增值能力和吸纳贫困劳动力就业能力。产业扶贫，价值提升是核心。要积极发展特色产品产地初加工，提升加工产品副产物综合利用水平，推动精深加工发展。引导特色产品加工业向县城、重点乡镇和产业园区集中，打造产业集群，形成加工引导生产、加工促进消费的格局。依托自然资源、农事景观和特色产品，积极拓展产业多种功能，大力发展休闲农业、乡村旅游和森林旅游康养，推进特色产业与旅游、教育、文化、健康养老等产业深度融合，拓宽贫困户就业增收渠道。产业扶贫，产品既要产得好，还要卖得好。要加大对贫困地区产业扶贫流通渠道建设方面的支持力度，推动批发市场、电商企业、大型超市等市场主体与贫困村、贫困户建立长期稳定的产销关系，供销、邮政及各类企业把服务网点延伸到贫困村，推广以购代捐的服务及产品购买式扶贫形式，让产业扶贫的产品既产得好也卖得出价钱，助力贫困户增收脱贫。

二、全力推进就业扶持

现阶段，工资性收入仍旧是农民增收的重要途径。为此，要大力推进就业扶持，让有劳动能力的贫困人口通过就业实现增收。一要加强就业服务平台建设。设立劳动就业和社会保障基层服务平台，建好建档立卡贫困户人力资源基础台账，精准施策做好就业需求汇总、就业咨询指导等服务，帮助其就地就近实现就业。二要有针对性地加大贫困地区劳务输出培训力度。在贫困县建立劳务输出服务站，做好劳务输出培训，发展具有本地特色的劳务品牌，提高输出质量，促进输出输入地劳务对接。完善劳务输出市场网络，强化贫困家庭劳动力劳动权益保障，健全职业培训、就业服务、劳动维权“三位一体”的工作机制，提高贫困劳动力就业质量。三要加大对贫困大学生就业创业的支持。要通过完善职业培训补贴、技工院校资助等政策，支持农村贫困家庭学生接受职业教育和职业培训，鼓励贫困大学生返乡下乡创业，实现多渠道就业创业。

第二节　有序推进易地扶贫搬迁

习近平总书记指出，要因地制宜研究实施扶贫攻坚行动计划，并要求对居住在“一方水土养不起一方人”地方的贫困人口实施易地搬迁。易地扶贫搬迁是从根本上解决环境恶劣、灾害频发地区贫困人口生活条件的重要举措，是补齐全面建成小康社会短板的迫切需要。要坚持群众自愿、积极稳妥的原则，因地制宜选择搬迁安置方式，合理确定住房建设标准，完善搬迁后续扶持政策，确保搬迁对象有业可就、稳定脱贫，做到搬得出、稳得住、能致富。

一、切实强化规划引领

全面落实国家易地扶贫搬迁政策要求和规范标准，结合推进新型城镇化，做好各项规划衔接，切实以规划引领搬迁安置、指引配套基础设施建设和公共服务配置，进一步提高集中安置比例，稳妥推进分散安置，因地制宜选择安置模式和安置区域，将集中安置与分散安置相结合，有土安置和无土安置相结合，积极引导贫困群众逐步向城镇有序搬迁，实现梯次转移。合理确定补助标准，严格控制建设标准，防止贫困人口因搬迁加重负担、因搬迁影响脱贫。

二、坚持精准施策压茬推进

要坚持精准、精准、再精准，严格按程序做好搬迁对象审查、审核、公示、认定等工作，确保每一个搬迁对象都是最迫切需要搬的贫困人口，让各类资金资源都用到符合搬迁条件的贫困户身上。集中力量完成“十三五”规划框定的建档立卡贫困人口搬迁任务，确保具备搬迁安置条件的贫困人口应搬尽搬，逐步实施同步搬迁。对目前不具备搬迁安置条件的贫困人口，要优先解决其“两不愁、三保障”问题，今后可结合实施乡村振兴战略压茬推进。

三、高度重视搬迁后的产业发展和就业问题

要按照以岗定搬、以业定迁原则，统筹各项扶贫和保障措施，做细安置区选址论证工作，在抓好项目建设的同时更加注重搬迁群众后续脱贫发展，制订搬迁安置方案和后续产业发展、就业方案，做到安居与乐业并重、搬迁与脱贫同步。产业扶贫、转移就业扶贫、旅游扶贫、光伏扶贫、生态扶贫等项目，向易地扶贫搬迁安置区和搬迁群众倾斜配置。加大扶贫资金对搬迁后续产业和就业的支持力度，确保实现搬迁一户、稳定脱贫一户，让群众在安置地有业可就、有事可做、有钱可赚，有更好的发展前景。

第三节　确保病有所医、残有所助、生活有兜底

习近平总书记指出，没有全民健康就没有全面小康。因病致贫、因病返贫是建档立卡贫困家庭最重要的致贫因素，是脱贫攻坚亟须攻克的硬骨头。要坚持开发性和保障性扶贫并重，织密筑牢民生保障安全网，把没有劳动能力的老弱病残等特殊人口的基本生活兜起来，强化保障性扶贫，开展医疗保险和医疗救助脱贫，实施健康扶贫工程，确保农村贫困人口病有所医、残有所助、生活有兜底。

一、健全医疗卫生保障体系，让贫困人口“看得上病”

当前，建档立卡贫困人口中，因病、因残致贫比例分别高达40%和14%，因病致贫、返贫已成为打好精准脱贫攻坚战亟待攻克的一大痛点和难点。要优化医疗资源布局，在贫困地区加快推进以县级医院为龙头、乡镇卫生院为核心、村卫生室为支撑的三级卫生服务网络标准化建设，健全医疗卫生保障体系，改善医疗卫生机构条件，提升贫困地区医疗卫生服务能力，力争实现“小病不出乡，大病不出县”。要建立信息管理系统，对因病致贫返贫情况实行动态管理，优先为农村贫困人口建立动态管理的电子健康档案和功能完

善的健康卡，推动基层医疗卫生机构医务人员为贫困家庭提供基本医疗、公共卫生和健康管理等签约服务，建立健全覆盖贫困地区贫困人口的医疗服务体系，切实提升贫困人口享受医疗卫生服务的可及性，让贫困人口“看得上病”。

二、着力提高医疗保障水平，让贫困人口“看得好病”

“看得好病”是切实拔掉因病致贫、返贫这个贫困病根的治本之策。要深入实施医院对口帮扶，通过在贫困地区开展医疗人才综合培养，倾斜实施农村定向医学生免费培养、住院医师规范化培训、助理全科医生培训等项目，强化贫困地区医疗人才队伍建设，提升贫困地区医疗卫生保障水平。对贫困大病患者实行分类救治，一次性能治愈的，组织专家集中力量进行治疗；需要住院维持治疗的，在就近有治疗能力的医疗机构进行治疗；需要长期康复治疗的，由基层医疗卫生机构在上级医疗机构的指导下进行定期治疗和康复管理。加大贫困地区传染病、地方病、常见病防治力度，开展重点人群结核病主动筛查，规范结核病诊疗和全程管理，加大艾滋病防治力度和白内障复明力度，努力实现贫困地区贫困群众看病从有到好的转变。

三、加强疾病防控，做好重点人群健康服务

疾病防控，预防是关键。提高贫困人口健康水平，要做好疾病防控工作，主动推动关口前移，把因病致贫、返贫问题在源头阶段解决。要做实做深做细家庭医生（乡村医生）签约服务工作，建立有效机制，推动家庭医生签约团队优先为妇幼、老人、残疾人等重点人群提供慢性病防控和健康管理。实施扶贫医疗补助，着力完善基本医疗保险、大病保险、医疗救助等制度，新农合政策范围内住院费用报销比例提高 5 个百分点以上，大病保险起付线降低 50%，通过健康扶贫补充保险和财政兜底，将贫困人口医疗费用报销比例提高至 80%以上。推动解决因残致贫，加大对符合条件的农村贫困

重度残疾人医疗救助力度，全面落实困难残疾人生活补贴和重度残疾人护理补贴制度，做好与长期护理保险试点的衔接，推进因残致贫家庭更好地享受资产收益扶贫政策。

第四节　做好农村最低生活保障工作的动态化精细化管理

习近平总书记指出，在扶贫的路上，不能落下一个贫困家庭，丢下一个困难群众。打好脱贫攻坚战，实现全面小康，未来三年还将有1 000万左右完全或部分丧失劳动能力的贫困人口需要社会保障来兜底。接下来三年时间里，要把农村最低生活保障工作落细作实，做好脱贫攻坚和农村低保政策的有效衔接，为脱贫攻坚织密筑牢社会保障网。

一、加强农村低保规范化管理，不断完善低保制度

一是要加快完善农村住户调查和建档立卡贫困人口信息系统建设，健全农村低保申请家庭贫困状况评估指标体系，丰富完善社会救助家庭经济状况核对内容，将评估结果与家庭经济状况信息核对、入户调查、邻里访问、民主评议等方法相结合，完善社会救助家庭经济状况评价机制，精准认定农村低保对象，做到应保尽保。二是要进一步健全特困人员救助供养制度。这方面，要落实好中央财政特困人员救助供养补助政策，地方各级财政应加大资金投入，逐步将供养服务机构运转费用列入财政支持范围。要参照经济社会发展状况，强化对特困人员救助供养标准的指导，条件允许的地方可以逐步提高农村低保供养水平。因地制宜推广农村分散供养照料服务，通过政府购买服务，委托近邻、亲属给予照料等方式，将事实无人供养的贫困人员纳入供养照料体系。发挥好临时救助制度的托底功能，增强救助时效性，提高救助水平，加快形成政府托底和社会参与相结合的强大社会救助合力，实现“应救尽救、托底救助”。受制

于财力不足、社会发展滞后，贫困地区、特困地区社会救助方面力量往往有限，但贫困人口这方面需求更大，因而临时救助制度体系建设要切实向贫困地区、特困地区加大倾斜力度。

二、推进低保制度与扶贫开发政策有效衔接

这方面总的政策思路是，将符合农村低保条件的建档立卡贫困家庭，按规定程序纳入低保范围，落实有关低保政策；将符合条件的农村低保家庭，按规定程序纳入建档立卡范围，并予以精准帮扶。具体做法上，一是要强化两项政策的标准衔接。加大农村低保升级统筹力度，制订动态调整农村低保标准的具体方案，确保所有地方农村低保标准都能逐步达到国家扶贫标准，农村低保标准地域国家扶贫标准的地区，按照国家扶贫标准综合确定农村低保的最低指导标准。农村低保标准已经达到国家扶贫标准的地区，按照量化调整机制科学调整，确保农村低保标准不低于按年度动态调整后的国家扶贫标准。二是要强化两项政策的管理衔接。要不断提高低保、扶贫工作信息化水平，加快形成农村低保和扶贫开发的数据互通、资源共享信息的工作平台和机制，及时更新低保和建档立卡数据台账，提高大数据的政策保障效能，确保两项政策有效衔接。

第二十八章　巩固和完善农村基本经营制度

巩固和完善农村基本经营制度，是贯彻落实党的十九大精神，推进实施乡村振兴战略的一项重要制度安排，对于稳固农村生产关系，促进农业农村稳定发展，都具有重大而深远的意义。

第一节　土地承包关系在第二轮承包到期后再延长三十年

习近平总书记在党的“十九大”报告中指出：“保持土地承包关系稳定并长久不变，第二轮土地承包到期后再延长三十年。”这是党中央在实行家庭承包经营、承包地“三权分置”后，对农村土地经营制度作出的又一重大制度安排。农村实行以家庭承包经营为基础、统分结合的双层经营体制，是我国农村改革的重大成果，是党在农村的基本制度。

实践证明，这一制度符合我国国情和农业生产规律，具有广泛适应性和强大生命力，广大农民群众衷心拥护。2023 年以后，二轮土地承包将相继到期。到期后再延长承包期 30 年，有利于形成长期稳定的土地承包关系，激发农民群众增加农业投入、发展生产的积极性；有利于形成农村土地所有权、承包权、经营权“三权分置”格局，保护农民在土地经营权流转中的合法权益，发挥新型农业经营主体引领作用，把小农户逐步引入现代农业发展轨道，形成多种形式适度规模经营，推进农业现代化；有利于保护和实现进城农民的土地承包权益，促使有条件的农业人口放心落户城镇，推进农业转移人口市民化，加快形成城乡融合发展格局。延长承包期 30 年，意味着在第二轮土地承包到期后 30 年内，土地集体所有、家庭承包经营的基本制度不会改变，集体经济组织成员依法承包集体土地的基本权利不会改变。

延长承包期 30 年，涉及广大农民群众切身利益，也涉及一些重大土地关系的确定。中央顺应农民群众的高度关切，2019 年中央一号文件明确要求落实农村土地承包关系稳定并长久不变政策，衔接落实好第二轮土地承包到期后再延长 30 年的政策，让农民吃上长效"定心丸"。目前，各有关部门正在抓紧研究制订落实方案。总的原则是，农村集体所有的土地制度不会改变，农民对土地的承包关系不会改变，农民已经承包的土地不能随便调整。这次土地延包将坚持土地农民集体所有，坚持土地承包关系长久稳定，尊重农民意愿和主体地位，顺应推进农业现代化，维护农村社会稳定。

第二节　全面完成土地承包经营权确权登记颁证工作

农村土地承包经营权确权登记颁证是一项重要的基础性工作。党的十七届三中全会《中共中央关于推进农村改革发展若干重大问题的决定》提出，要搞好农村土地确权、登记、颁证工作。2009 年中央一号文件进一步明确，做好集体土地所有权确权登记颁证工作，将权属落实到法定行使所有权的集体组织；稳步开展土地承包经营权登记试点，把承包地块的面积、空间位置和权属证书落实到农户。随后多个中央一号文件又进行了具体部署。中央要求，力争 2018 年年底基本完成农村承包地确权登记颁证，形成承包合同网签管理系统，健全承包合同取得权利、登记记载权利、证书证明权利的确权登记制度。2019 年中央一号文件指出，要全面完成土地承包经营权确权登记颁证工作，实现承包土地信息联通共享。

通过农村土地承包经营权确权登记颁证，可以起到3方面作用。第一，摸清承包地底数，基本解决各地承包地地块面积不准、四至不清等历史遗留问题，既让农户感觉心里踏实，又有利于化解农村土地承包纠纷。第二，保护农民在土地经营权流转中的合法权利。确权登记之后，农村土地承包经营权可以通过农村土地流转平台进行发布，实现承包土地信息互通，实现流转和规模经营，农民权利可以得到更好的保护。第三，确权登记颁证有利于土地相关权利取得融资担保，让金融更好地服务于农业生产。

第三节　完善农村承包地“三权分置”制度

2019年中央一号文件要求，完善农村承包地“三权分置”制度，在依法保护集体土地所有权和农户承包权前提下，平等保护土地经营权。当前，随着工业化、城镇化深入推进，农村劳动力大量进入城镇就业，相当一部分农户将土地流转给他人经营，家家包地、户户务农的局面发生变化，催生了大量新型经营主体，形成了集体拥有所有权、农户享有承包权、经营主体行使经营权的新格局。在保护集体所有权、农户承包权的基础上，平等地保护土地经营权，赋予经营主体更加稳定的预期，成为发展现代农业的必然要求。

2019年中央一号文件明确，农村承包土地经营权可以依法向金融机构融资担保、入股从事农业产业化经营。在依法保护集体土地所有权和农户承包权前提下，平等保护土地经营权，明确经营主体所享有的土地经营权的内涵和权能，这是“三权分置”的重要内容。一是明确土地经营权的内涵。依据现行法律规定和基层实践要求，土地经营权人对流转土地依法享有在一定期限内占有、耕作，并取得相应收益的权利。二是明确土地经营权的基本权能。经营主体有权使用流转土地自主从事农业生产经营并获得相应收益，有权在流转合同到期后按照同等条件优先续租承包土地，任何组织、个人不应妨碍经营主体行使合法权利等。三是明确土地经营权的扩展权能。

经承包农户同意，经营主体可以依法依规改良土壤、提升地力，建设农业生产、附属、配套设施并按照合同约定获得合理补偿；流转土地被征收时，可以按照合同约定获得相应地上附着物及青苗补偿费。四是鼓励创新放活经营权的方式。鼓励采用土地股份合作、土地托管、代耕代种等方式，发展多种形式的适度规模经营。

第四节　实施新型农业经营主体培育工程

2019 年中央一号文件指出，要实施新型农业经营主体培育工程，培育发展家庭农场、合作社、龙头企业、社会化服务组织和农业产业化联合体，发展多种形式适度规模经营。培育新型农业经营主体，健全农业社会化服务体系是实施乡村振兴战略的重要组成部分，是加快我国农业现代化建设的重要举措。2017 年 5 月，中共中央办公厅、国务院办公厅印发《关于加快构建政策体系培育新型农业经营主体的意见》，要求不断提升新型农业经营主体适应市场能力和带动农民增收致富能力。

国家支持发展规模适度的农户家庭农场和种养大户。鼓励农民开展多种形式的合作与联合，依法组建农民合作社联合社。支持农业产业化龙头企业和农民合作社开展农产品加工流通和社会化服务，带动农户发展规模经营。培育多元化农业服务主体，探索建立集农技指导、信用评价、保险推广、产品营销于一体的公益性、综合性农业公共服务组织。促进各类新型农业经营主体融合发展，培育和发展农业产业化联合体，鼓励建立产业协会和产业联盟。支持新型农业经营主体带动普通农户连片种植、规模饲养，并提供专业服务和生产托管等全程化服务，提升农业服务规模和水平。支持新型农业经营主体建设形成一批“一村一品、一县一业”等特色优势产业和乡村旅游基地，提高产业整体规模效益。引导新型农业经营主体多模式完善利益分享机制。进一步完善订单带动、利润返还、股份合作等新型农业经营主体与农户的利益联结机制，让农民成为现代农业发展的参与者、受益者，防止普通小农户被挤出、受损害。探索建立政府扶持资金既帮助新型农业经营主体提升竞争力，又增强其带动农户发展能力，让更多农户分享政策红利的有效机制。鼓励地方将新型农业经营主体带动农户数量和成效作为相关财政支农资金和项目审批、验收的重要依据。允许将财政资金特别是扶贫资金量化到农村集体经济组织和农户后，以自愿入股方式投入新型农业经营主体，让农户共享发展收益。

另外，随着家庭农场、农民合作社等蓬勃发展，农业产业化组织模式不断创新，形成了由核心龙头企业牵头、多个农民合作社和家庭农场参与、服务和收益连成一体的农业产业化联合体形态，农业部等六部委联合下发《关于促进农业产业化联合体发展的指导意见》，对推动农业产业化联合体发展作出部署。农业产业化联合体是立足主导产业、追求共同经营目标，以龙头企业为引领、农民合作社为纽带、家庭农场为基础，各成员通过资金、技术、品牌、信息等要素融合渗透，形成比较稳定的长期合作关系的紧密型农业经营组织联盟。

下一步，要以“市场主导、农民自愿、民主合作、兴农富农”为原则，围绕推进农业供给侧结构性改革，以帮助农民、提高农民、富裕农民为目标，以发展现代农业为方向，以创新农业经营体制机制为动力，积极培育发展一批带农作用突出、综合竞争力强、稳定可持续发展的农业产业化联合体，成为引领我国农村一二三产业融合和现代农业建设的重要力量，为农业农村发展注入新动能。

第二十九章　加强农村专业人才队伍建设

人才兴则事业兴，人才强则乡村强。党的十九大报告提出“实施乡村振兴战略”，培养造就一支懂农业、爱农村、爱农民的“三农”工作队伍。农村专业人才活跃在农村教育、生产、经营第一线，是农村生产力中最先进、最活跃的组成部分。2019 年中央一号文件对加强农村专业人才队伍建设提出了专门要求，并进行了具体部署。

第一节　农村专业人才队伍是农村经济社会发展的关键要素

农村专业人才是活跃在农业和农村经济发展第一线的具有一定科学文化知识或一技之长，对推动农业农村现代化发展作出突出贡献的农村能人。主要包括县域农村专业人才、乡村教师、边远贫困地区、边疆民族地区和革命老区人才、“三支一扶”、特岗教师、农业职业经理人、经纪人、乡村工匠、文化能人、非遗传承人等，在传播普及科学知识，示范应用农业先进实用技术，带领一方群众致富，推动当地经济社会发展等方面具有独特作用。

农村专业人才队伍建设是提高农民整体素质的有效途径。农村乡土人才对本地环境资源、生产经验、风土人情非常熟悉，实践经验丰富。他们有强烈的奉献精神、有高超的专业技能，能够组织产业化生产，能够起到一定的示范、带动或辐射作用。他们不光是自己干得好，而且能够带领周边的群众跟着自己干，能够把自己掌握的知识传授给身边的农户，进而有效地提高农民的整体素质。

农村专业人才队伍建设是实现产业兴旺的有力支撑。长时间以来各地农业发展经验表明，农业产业发展每上一个台阶很大程度上都是得益于科技进步。目前，部分地区特别是边远贫困地区、边疆民族地区和革命老区（“三区”），农业主导产业不突出、农业竞争力不强、农业综合效益差，主要矛盾并不是缺少优良品种、先进技术，而是科技成果转化水平很低，技术嫁接、成果转化的中间环节出现了脱节，其实质是缺少专业人才。2014 年科技部联合中组部、财政部、人力资源和社会保障部、国务院扶贫办正式启动“边远贫困地区、边疆民族地区和革命老区人才支持计划科技人员专项计划”，以“三区”人才支持计划、科技人员专项计划为抓手，发挥科技特派员作用，加强对贫困地区返乡农民工、大学生村干部、乡土人才、科技示范户的培训，培养一批懂技术、会经营、善管理的脱贫致富带头人和新型职业农民，加快农村经济结构调整，加快产业结构优化升级，为实现乡村振兴提供有力支撑。

农村专业人才队伍建设是农业技术推广体系的有益补充。现阶段基层农业技术推广网络普遍处于“有架子无联通、有人员无联系”的状况，在这种情况下，积极研究、探讨农业技术推广的新思路、新机制就显得十分必要。抓好农村专业人才队伍建设，不失为一条重要途径。农村专业人才都具备某项专业技能，或具备一定的科学知识，所从事的事业有一定的科技含量。加强农村专业人才队伍建设，是在目前基层农技推广网络不健全的情况下，对农业科技推广体系的有益补充。

第二节　加强农村专业人才队伍建设的主要举措

一、提高农村专业人才队伍培养、使用、激励等服务保障能力

主要包括建立县域专业人才统筹使用制度，提高农村专业人才服务保障能力；推动人才管理职能部门简政放权，保障和落实基层

用人主体自主权。

县域是农村专业人才队伍培育、使用和管理的核心行政单元。要加强农村专业人才统筹管理，通过健全县乡村三级管理网络，形成以县组织、人事、科技等部门管理为重点，以乡（镇）党委、村党支部抓落实的管理形式，形成工作合力。同时，要加强制度管理，完善农村专业人才选拔规定，明确农村农民专家、农村专业人才的选拔管理办法和流程，并在实行动态管理、优胜劣汰、促其发展的基础上，坚持和完善建档造册、走访联系、交心座谈、领导挂点等制度，使管理工作有章可循，逐步走上制度化轨道。以县域为单位，成立农村专业人才开发工作领导机构，加强对专业人才开发使用的统筹协调，按照农村专业人才的不同类型，分门别类地建立各类乡土人才库，并发放证书，从而真正把农村的“土专家”“田秀才”、种养能手等乡土人才纳入县委人才工作的管理和服务范畴。

二、加大乡村教师队伍、“三区”人才等专业人才使用支持力度

主要包括推行乡村教师“县管校聘”；实施好边远贫困地区、边疆民族地区和革命老区人才支持计划，继续实施“三支一扶”、特岗教师计划等，组织实施高校毕业生基层成长计划。

乡村教师队伍建设是振兴乡村教育，帮助乡村孩子学习成才，阻止贫困现象代际传递，功在当代、利在千秋的大事。发展乡村教育，教师是关键，必须把乡村教师队伍建设摆在优先发展的战略地位。党和国家历来高度重视乡村教师队伍建设，在稳定和扩大规模、提高待遇水平、加强培养培训等方面采取了一系列政策举措，乡村教师队伍面貌发生了巨大变化，乡村教育质量得到了显著提高，广大乡村教师为中国乡村教育发展作出了历史性的贡献。但受城乡发展不平衡、交通地理条件不便、学校办学条件欠账多等因素影响，当前乡村教师队伍仍面临职业吸引力不强、补充渠道不畅、优质资源配置不足、结构不尽合理、整体素质不高等突出问题，制约了乡村教育持续健康发展。推行乡村教师“县管校聘”，对于稳定乡村教

师队伍，促进教育公平，实现乡村人口素质提升具有十分重要的意义。

边远贫困地区、边疆民族地区和革命老区大部分依然处于欠发达地区，是乡村振兴的难点。习近平总书记指出，消除贫困、改善民生、实现共同富裕，是社会主义的本质要求。全面建成小康社会，最艰巨最繁重的任务在农村，特别是在贫困地区，实施好“三区”人才支持计划，是助力打赢脱贫攻坚战，实现共同富裕、全面小康的重大举措，也是体现中国特色社会主义制度优越性的重要标志。

“三支一扶”、特岗教师计划，以大学生村干部为代表的高校毕业生基层成长计划等实施，充分证明了高素质人才、先进智力下基层对于农业农村社会事业发展的重要推动作用，在实施乡村振兴战略中，必须进一步大力实施和推动好这些计划。

三、健全培育机制，不断提高农村专业人才整体素质

支持地方高等学校、职业院校综合利用教育培训资源，灵活设置专业（方向），创新人才培养模式，为乡村振兴培养专业化人才。依托大中专院校、职业高中、网络教育等进行学历培训，充分发挥县乡（镇）党校、实用技术培训学校、农民夜校等阵地作用，定期组织农业专业人才集中培训，进行政策、实用科技知识的理论辅导，提高农业专业人才的知识素养。有目的、有计划、有针对性地组织农业专业人才走出家门与外界加强技术交流和合作，到发达地区和先进企业参观学习，启迪思维，开阔视野。要组织农业专业人才乡域之间的巡回报告团，既介绍自己的先进经验，又学习其他农业专业人才的成功做法，促进农业专业人才之间相互提高。

四、健全激励机制，鼓励农业专业人才干事创业、振兴乡村

扶持培养一批农业职业经理人、经纪人、乡村工匠、文化能人、非遗传承人等。营造有利于农村专业人才实现才能的良好环境和平台。将农村专业人才开发与当地经济发展、社会事业建设及干部队

伍建设充分结合起来，不断挖掘农村大学毕业生、复员军人、能工巧匠等本土人才，是充分利用发挥农村专业人才的示范带头作用，营造学习比拼赶超的良好氛围，从而带动农民共同进步、共同致富。

加大对优秀农村专业人才的奖励、表彰力度，扩大乡土人才的影响力和知名度，增强其荣誉感。建立乡土人才专业技术职称评定制度，把乡土人才的选拔同其职称评定相结合，使昔日“土专家”“田秀才”有名有分，并落实相应的待遇，规定权利和义务，增强其责任感，引导他们干事创业、振兴乡村。

鼓励农村专业人才创新创业，自己带头致富、带领群众致富，并在生产信息、生产用地、生产资金、生产品种、技术等方面给予政策、奖金及技术倾斜和扶持，为农村专业人才的发展解决后顾之忧，帮助乡土人才的生产产业做强做大，实现乡村工匠传承、文化传承、非遗传承等。

积极吸纳优秀农村专业人才加入党组织。加大对年纪轻、技术硬、素质高的农村专业人才吸收加入党组织的力度，并优先选拔、充实到村级干部队伍中，提高村组班子带领群众致富的能力，创造农村专业人才充分发挥先锋模范带头作用的舞台。

第三十章　发挥科技人才支撑作用

人才是第一资源，创新是第一动力。体制机制改革，是激发人才创新活力的关键。2019 年中央一号文件强调，要通过创新体制机制，发挥科技人才支撑作用，这是深化科技体制改革，激发科技创新活力，使广大科技人员积极投身乡村振兴的有力举措。

第一节　鼓励引导专业技术人员到农村推动产业振兴

高等院校、科研院所等事业单位是我国科技创新的主体，这些单位的专业技术人员是我国科技创新的主力军。现代农业发展是一二三产业融合、产业链协同的发展，以产业链部署科技创新链是支撑现代农业发展的重要方向。现代农业要发展，出路在科技，关键靠人才。但是目前我国农业农村科技创新活力不够，人才政策和体制机制尚不完全适应现代农业产业和科技创新本身发展。

乡村要振兴，产业振兴是源头、是基础。离开产业的支撑，乡村振兴就是空中楼阁。现代农业是乡村产业兴旺的重点、是大头。而现代农业是科技创新要素驱动的产业，光靠科技文化素质依然较弱的农民自身支撑是远远不够的，需要高等院校、科研院所等事业单位专业技术人员这些“国家队”的强力支撑，为现代农业发展注入“第一动力”。但是，目前造成科技人员“不愿”或“不敢”深入农村一线、产业一线服务支撑农业与农村现代化发展的重要原因在于他们有“后顾之忧”，尤其是现有与科技人员发展利益相关的职称评定、工资福利、社会保障等方面的权益在现有的政策与评定框架下得不到有效保障。因此，2019 年中央一号文件提出，全面建立高等院校、科研院所等事业单位专业技术人员到乡村和企业挂职、兼职和离岗创新创业制度，保障其在职称评定、工资福利、社会保障等方面的权益。

第二节　壮大科技特派员队伍

2016 年印发的《国务院办公厅关于深入推行科技特派员制度的若干意见》，为科技特派员、大学生、返乡农民工、乡土人才等营造专业化、社会化、便捷化的创业环境。支持普通高校、科研院所、职业学校和企业的科技人员发挥职业专长，到农村开展创业服务。引导大学生、返乡农民工、退伍转业军人、退休技术人员、农村青年等参与农村科技创业。鼓励高校、科研院所、科技成果转化中介服务机构以及农业科技型企业等各类农业生产经营主体，作为法人科技特派员带动农民创新创业，服务产业和区域发展。结合各类人才计划实施，加强科技特派员的选派和培训，继续实施农业科技特派员、农村流通科技特派员、农村青年科技特派员、巾帼科技特派员专项行动和健康行业科技创业者行动，支持相关行业人才深人农村基层开展创新创业和服务。

普通高校、科研院所、职业学校等事业单位对开展农村科技公益服务的科技特派员，要实行保留原单位工资福利、岗位、编制和优先晋升职务职称的政策，其工作业绩纳入科技人员考核体系；对深入农村开展科技创业的，要保留其人事关系，与原单位其他在岗人员同等享有参加职称评聘、岗位等级晋升和社会保险等方面的权利，期满后可以根据本人意愿选择辞职创业或回原单位工作。结合实施大学生创业引领计划、离校未就业高校毕业生就业促进计划，动员金融机构、社会组织、行业协会、就业人才服务机构和企事业单位为大学生科技特派员创业提供支持，完善人事、劳动保障代理等服务，对符合规定的要及时纳入社会保险。

鼓励高校、科研院所通过许可、转让、技术入股等方式支持科技特派员转化科技成果，开展农村科技创业，保障科技特派员取得合法收益。通过国家科技成果转化引导基金等，发挥财政资金的杠杆作用，以创投引导、贷款风险补偿等方式，推动形成多元化、多层次、多渠道的融资机制，加大对科技特派员创业企业的支持力度。引导政策性银行和商业银行等金融机构在业务范围内加大信贷支持力度，开展对科技特派员的授信业务和小额贷款业务，完善担保机制，分担创业风险。吸引社会资本参与农村科技创业，鼓励银行与创业投资机构建立市场化、长期性合作机制，支持具有较强自主创新能力和高增长潜力的科技特派员企业进入资本市场融资。对农民专业合作社等农业经营主体，落实减税政策，积极开展创业培训、融资指导等服务。

第三节　深入实施农业科研杰出人才计划和杰出青年农业科学家项目

从 2011 年起，农业部牵头实施全国农业科研杰出人才培养计划，这是国家人才规划中确定的 12 个重大人才工程之现代农业人才支撑计划的子计划。该计划至 2020 年将在全国选拔培养 300 名农业科研杰出人才。农业科研杰出人才主要职责是：①围绕现代农业发展需求，把握学科发展方向，提出具有战略性、前瞻性、创造性的发展思路，促进本学科领域赶超或保持国际先进水平。②面向国际科技前沿和行业发展重大需求，承担国家重大农业科研项目，开展基础性、前沿性农业科学研究，开展行业重大共性关键技术创新与集成，提高农业科技自主创新能力。③加强所在创新团队建设，每个团队培养 10 名左右的核心成员，引领本学科领域农业科技人才队伍建设。深入实施农业科研杰出人才计划和杰出青年农业科学家项目，将有利于稳定和发展我国高层次农业科研人才队伍，形成一支学科专业布局合理、整体素质较高、自主创新能力较强的高层次农业科研人才队伍，长期稳定地为我国农业农村现代化发展提供持续动力支撑。

第四节　以知识产权明晰为基础、以知识价值为导向的分配政策

种业是国家战略性、基础性的核心产业，是促进农业长期稳定发展、保障国家粮食安全的根本。随着全球化进程加快、生物技术发展和改革开放的不断深入，我国种业发展面临新的挑战。为提升我国农业科技创新水平，增强农作物种业竞争力，满足建设现代农业的需要，《国务院办公厅关于深化种业体制改革提高创新能力的意见》强调：深化种业体制改革，充分发挥市场在种业资源配置中的决定性作用，突出以种子企业为主体，推动育种人才、技术、资源依法向企业流动，充分调动科研人员积极性，保护科研人员发明创造的合法权益，促进产学研结合，提高企业自主创新能力，构建商业化育种体系，加快推进现代种业发展，建设种业强国，为国家粮食安全、生态安全和农林业持续稳定发展提供根本性保障。进一步调动种业等领域科研人员的积极性，使科研人员在现代种业的发展中有更大的“获得感”和持续创新的动力。

第五节　探索公益性和经营性农技推广融合发展机制

农业科技服务体系是农业科研成果转化为现实生产力的桥梁，是联系科研、教育及生产的纽带，是促进科技进步、增强综合生产能力、实现农业现代化的重要依托。目前，我国基层农技推广组织薄弱、区域发展不平衡以及社会化程度低等问题依然存在。在工业化、信息化、城镇化深入发展中同步推进农业现代化的背景下，农

业科技服务体系建设不再局限于体系内部建设问题，而是要与现代农业融合发展的内在趋势相耦合，并与之相适应作出调整和变化。

农业部办公厅《关于做好2017年基层农技推广体系改革与建设有关工作的通知》指出：以支撑农业供给侧结构性改革为中心任务，以提高农技推广服务供给质量效率为主攻方向，以新型农业经营主体为重点服务对象，以深化改革为动力，创新农技推广体制机制、精心打造示范服务平台，大力推广绿色高效适用技术，加快培育精干高效队伍，切实发挥科技对农业增效、农民增收和农产品竞争力增强的支撑推动作用。其强调：推进基层农技推广体系改革创新。促进基层农技推广机构有效履职，发挥在公益性农技推广服务中的主导地位，加强对市场化主体的引导、服务和必要的监管。通过购买服务等方式，支持引导市场化主体参与农技推广服务。支持浙江、安徽、江西等省开展基层农技推广体系改革创新试点，探索农技人员通过提供技术增值服务获取合理报酬的新机制，加强绩效考评的新举措，强化队伍能力建设的新模式。

第三十一章　鼓励社会各界投身乡村建设

功以才成，业由才广。人才是乡村振兴的第一资源，也是目前农业农村发展的短板。习近平总书记在参加2018年全国“两会”山东代表团审议时把人才振兴作为乡村振兴的五大要求之一。要完成乡村振兴这个宏大战略，需要汇聚全社会的力量，促进人才向农村流动，聚天下人才而用之，不断强化乡村振兴的人才支撑。

第一节　人才在城乡之间流动的通道亟须打通

长期以来，随着工业化、城镇化的快速推进，大量农村的劳动力流向城市，农村出去的人才也都留在了城市，导致乡村人气持续大幅下降，乡村人才“失血”“贫血”情况严重，不仅“今后谁来种地”成为问题，农村治理、社会事业等方面的人才也严重短缺。近年来，随着经济社会的发展，农村对人才的吸引力不断增强。从产业发展来看，随着农业现代化快速推进，从事农业的比较效益不断提高；随着人们的消费开始转型升级，人们不满足于城市的喧嚣和快节奏，向往回归田园，享受乡村的宁静和悠闲，使休闲农业和乡村旅游得到快速发展；随着农村交通的通达和通信的覆盖，农村地区发展产业的物流、信息等短板正在弥补，同时农村地区的土地、厂房和人力资本优势凸显。从生活方式来看，人们不满足于城市的高楼大厦、钢筋水泥，更难以忍受城市的雾霾，青睐农村的乡土风情，向往农村优美的绿水青山；人们厌倦了用化肥、饲料种养出来的食品，越来越喜爱绿色生态有机农产品；人们越来越渴望得到人文关怀和精神慰藉，向往熟人社会。近年来，已经有不少工商资本投向农村，也有不少农民工返乡创业。这样的发展形势，为农村产业尤其是生态农业、乡村旅游、康养、文化等新产业新业态发展提供了新的动能，为美丽乡村建设带来了新机遇，为农民致富开拓了新空间。

但从总体上看，这些变化仍是局部的，只是初现端倪，与农村对人才的大量需求相比，还只是“杯水车薪”，远不能满足乡村振兴对人才的需求。特别是从制度安排和政策支持层面看，既有的城乡二元结构仍然制约着人才的流动。正是在这样的背景下，2019 年中央一号文件提出，必须破解人才瓶颈制约，畅通智力、技术、管理下乡通道，鼓励社会各界投身乡村建设。

第二节　以乡情乡愁为纽带吸引社会各界人士

在大多数地区城乡差别仍然较大的情况下，在乡村工作和生活不仅又苦又累，而且回报相对偏低，没有乡村情怀的人，是很难自觉自愿去乡村的。人们常说，往上数三代都是农民，很多城里人骨子里都有抹不掉的乡情乡愁，这是吸引城里人支持参与乡村振兴的重要基础。事实上，全国各地很多城里人以各种方式支持和参与乡村建设、很多农民工返乡创业就业，往往源于乡情的呼唤。我们要做好乡情文章，加强宣传引导，营造全社会共同支持参与乡村振兴的氛围，让社会各界人士充分认识乡村振兴的重大意义，充分认识投身乡村建设的前景，把支持参与乡村建设作为一项责任、一项荣誉、一项实现人生价值的新途径，增强积极性、主动性。2019 年中央一号文件从乡村的实际需要出发，强调要吸引支持企业家、党政干部、专家学者、医生教师、规划师、建筑师、律师、技能人才等各方面人才，通过下乡担任志愿者、投资兴业、包村包项目、行医办学、捐资捐物、法律服务等方式，参与服务乡村振兴事业。在我国古代，有解甲归田、告老还乡的传统，返乡的官员、乡贤以不同的方式推动着中国古代乡村的发展和文化传承，可谓贡献巨大。当今，我们更渴望再兴起新的“上山下乡”热潮。

需要说明的是，吸引社会各界人士参与服务乡村振兴事业，并不一定要把行政关系转回农村，也不一定是让这些人常年待在农村，而是通过一定的平台和途径，让社会各界人士参与到乡村振兴的伟大实践中去，为农村发展作出贡献。可以是在农村创业，创办龙头企业、领办合作社，带领农民致富；可以是参与一个阶段的到农村支教、开展医疗服务，帮助农村发展社会事业；也可以是以项目为纽带，参与农村建筑景观设计，参与改造农村人居环境；还可以利用业余时间，为农民讲课，开展健康咨询，送上文化“快餐”。组织形式可以是政府部门统一组织安排，也可以是群众团体、社会组织开展公益活动，还可以是个人自发行为。我们要以更加开放的胸襟引来人才，用更加优惠的政策留住人才，还要以灵活的机制与城市共建共享人才，以柔性人才制度吸引全社会人才投身于乡村振兴。

事实上，随着交通的通达、网络的联通和人们就业方式、生活方式的多样化，以往那种工作地点和居住地点固化在某个地方的情形，已不再适用于相当一部分社会群体，他们完全可以在城市工作生活一段时间、在农村工作生活一段时间，甚至这种工作和生活方式会成为一种时尚和追求。县、乡、村各级需要做的工作是，为他们在乡村工作搭建平台，为他们在乡村生活提供必要的住所、安全整洁方便的人居环境。

第三节　建立有效的激励机制和政策体系

吸引社会各界人士投身于乡村振兴，根本之策在于让人们参与乡村建设有前景、有作为、有收益，有干事创业的平台，有成就事业、实现个人价值的空间。否则难以吸引人，更难以留住人，难以持续。为吸引工商资本和社会各界人士到农村投资兴业，2019 年中央一号文件提出：加快制定鼓励引导工商资本参与乡村振兴的指导意见，落实和完善融资贷款、配套设施建设补助、税费减免、用地等扶持政策，明确政策边界，保护好农民利益。落实这一要求，需要把握住三点。一是制定好相关政策。以上提到的融资贷款、配套设施建设、税费、用地等方面，都是制约工商资本下乡的瓶颈，有些是需要出台新的政策，有些是已有相关政策但需要做好衔接工作，还有些是要进一步明确政策内涵，增强可操作性。二是落实好政策。待中央新的政策出台后，各地要结合本地实际，提出实施意见。同时，对于已有的相关政策，要进行梳理、集成、细化，并规范具体的操作程序，使其能够落地，具有可操作性。三是规范工商资本参与乡村振兴的管理。乡村振兴需要工商资本，但工商资本有着逐利的本性，如果放任不管，容易与农民争地、与农民争利，可能带来后患。因此，对工商资本参与乡村振兴要进行规范引导，应设置一定的政策底线，明确政策边界。

2019 年中央一号文件还提出，研究制定管理办法，允许符合要求的公职人员回乡任职。对此，一方面要看到，公职人员中聚集着大批社会精英人才，他们中有相当一部分人对农村怀有深厚的感情，也有到农村地区工作、创业的愿望；同时也要看到，由于国家对公务人员的管理有严格的法律法规规定，如何发挥好、规范好公务员参与乡村振兴的作用，还需在深入调研的基础上，结合乡村振兴的需要，大胆创新，研究制定管理办法。鼓励各地在符合国家法律法规的前提下，探索公务员、事业单位人员通过挂职、任职、兼职、留职停薪等办法，参与乡村振兴的可行路子。

第四节　凝聚起全社会的力量

实施乡村振兴战略是全社会的庞大系统工程，党委政府更多的是组织领导和统筹，不可能事无巨细都去直接抓，需要凝聚起全社会的力量。群团组织和民主党派有着联系社会各方人士的优势，在我国革命和建设中都为国家作出了重大贡献，实施乡村振兴战略，也非常需要他们的支持和参与。特别要发挥好工会、共青团、妇联、科协、残联等群团组织的优势和力量，发挥各民主党派、工商联、无党派人士等的积极作用。近年来，各地在这方面探索出了很多成功的路子，像民主党派发挥各自优势开展产业扶贫、智力扶贫，科协组织开展科技扶贫，共青团组织开展青年农场主培养，妇联组织关爱农村留守妇女和留守儿童等。下一步，各民主党派和各群团组织，要把组织动员社会力量支持参与乡村振兴作为重大政治任务，制定行动计划，明确目标、任务、责任，发挥各自的优势，以多种方式组织各领域的社会人士到乡村去投资、去创业、去建设、去服务，贡献自己的力量。

参考文献

巢洋，范凯业，王悦. 2019. 乡村振兴战略：重构新农业［M］. 北京：中国经济出版社.

付翠莲. 2019. 乡村振兴战略背景下的农村发展与治理［M］. 上海：上海交通大学出版社.

刘汉成，夏亚华. 2019. 乡村振兴战略的理论与实践［M］. 北京：中国经济出版社.

刘新卫，赵崔莉. 2019. 乡村振兴视域中的农村土地整治［M］. 北京：知识产权出版社.

任亚萍，周勃，王梓. 2019. 乡村振兴背景下的乡村景观发展研究［M］. 北京：中国水利水电出版社.

张顺喜. 2019. 扎实推进乡村振兴［M］. 北京：中国言实出版社.